CRIPTOMOEDAS NO CENÁRIO INTERNACIONAL

Qual o posicionamento dos Bancos Centrais, Governos e Autoridades?

CRIPTOMOEDAS NO CENÁRIO INTERNACIONAL

Tatiana Revoredo & Rodrigo Borges

CRIPTOMOEDAS NO CENÁRIO INTERNACIONAL

Tatiana Revoredo & Rodrigo Borges

Copyright @ 2018 por Tatiana Revoredo

Todos os direitos reservados. Nenhuma parte deste livro pode ser reproduzida em qualquer forma por meios mecânicos eletrônicos, incluindo fotocópia, gravação ou armazenamento e recuperação de informações sem a permissão por escrito dos autores, exceto no caso de breves citações incorporadas em revisões críticas e outros usos não comerciais permitidos pela legislação de direitos autorais.

Este livro não oferece nenhum conselho de investimento. Todos os links no livro eram válidos no momento da publicação. Nenhuma responsabilidade é assumida sobre o conteúdo dos links.

Agradecimentos

Dedicado a meu pai, Carlos Revoredo, por me mostrar a importância de manter sempre uma mente aberta.

À minha mãe, Maria Lúcia, por me ensinar a sabedoria da paciência, persistência e delicadeza na realização dos objetivos.

À Brie, por sua dedicação incondicional e por me fazer acreditar no impossível.

E ao meu amigo Rodrigo, pela parceria, incentivo e entusiasmo inabalável.

Tatiana

Dedicado à Renata, meu amor, por todo apoio, dedicação e paciência. Não seria possível sem você ao meu lado.

Para minha família, por sempre me apoiar e acreditar em meus sonhos.

Um agradecimento especial à minha amiga e parceira Tatiana, pela parceria.

Rodrigo.

CRIPTOMOEDAS NO CENÁRIO INTERNACIONAL

Tatiana Revoredo & Rodrigo Borges

Prefácio

Há 10 anos, um criptógrafo de codinome Satoshi Nakamoto publicava seu artigo *"Bitcoin: a peer-to-peer electronic cash system"*, apresentando ao mundo um novo sistema para troca de valores, inteiramente distribuído, afastando a necessidade de um ente centralizador e validador das transações, solucionando o problema do gasto duplo.

Com seu trabalho, Satoshi Nakamoto apresentava ao mundo a primeira criptomoeda, o Bitcoin, inaugurando a era da criptoeconomia e todos os avanços dela decorrentes.

Para auxiliar a compreensão do tema, apresentamos os conceitos básicos da criptoeconomia e da tecnologia Blockchain, a fim de familiarizá-lo com o tema, permitindo a compreensão e a análise crítica da postura dos diversos governos e autoridades.

As novas tecnologias e seus impactos sociais, financeiros e culturais demandam reflexão e respostas para questões complexas e globais, que pouco têm a ver com talentos pessoais, e mais com liderança de um amplo debate, cobrindo todos os ângulos possíveis em torno de princípios e valores compartilhados por toda a sociedade.

Com este livro, esperamos contribuir com a ampliação deste importante debate pertinente aos criptoativos.

Tatiana Revoredo e Rodrigo Borges

CRIPTOMOEDAS NO CENÁRIO INTERNACIONAL

Tatiana Revoredo & Rodrigo Borges

Sumário

CAPÍTULO 1 | UM BREVE PASSEIO PELO UNIVERSO CRIPTO 1

Introdução 1
A crise de confiança no modelo tradicional de organizações e instituições centralizadas.. 2
A origem das criptomoedas 4
    Quando realmente tudo começou 4
    "Moedas digitais" como área de pesquisa desde os anos 80 5
Blockchain Bitcoin como uma estrutura disruptiva 7
    Um sistema monetário sobre a Internet...................................... 7
    Uma alternativa ao atual sistema centralizado de transferência e intermediação financeira 9
O que é descentralização? 11
    Protocolos de consenso substituindo uma autoridade central.... 11
    A decentralização e o custo das transações.............................. 13
    A descentralização é a garantia da segurança do Bitcoin 13
    Descentralização vs. Armazenamento em "nuvem"................... 14
O que é uma rede P2P? 15
O que é um mecanismo de consenso? 16
Uma análise comparativa entre dinheiro, moeda, moeda digital, moeda fiduciária, moeda eletrônica e criptomoedas .16
    O que é dinheiro? O que é moeda?... 16
    Moeda sob uma perspectiva econômica 17
    Moeda sob uma perspectiva jurídica 19
    Criptomoedas x Moeda eletrônica 20
    Criptomoedas x Moeda Estrangeira 20
    Criptomoedas x Moeda digital 22
O que são criptomoedas?... 27
O que é Criptoeconomia?... 27
"Possíveis" classificações das criptomoedas e seus impactos.28

CAPÍTULO 2 | O ECOSSISTEMA DAS CRIPTOMOEDAS E SEUS DESAFIOS... 31

Introdução 31
Obstáculos ao mainstream 32
    1) Barreiras culturais 33

CRIPTOMOEDAS NO CENÁRIO INTERNACIONAL
Tatiana Revoredo & Rodrigo Borges

- Silk Road 34
- 2) Política tributária 35
- 3) O combate à lavagem de dinheiro 35
  - Autoridades no Fórum Econômico Mundial 36
  - Os relatórios japoneses 36
  - Criptomoedas representam menos de 1% dos relatórios sobre lavagem de dinheiro 37
  - Regras de negociação existentes para ouro e derivativos como um norte? 37
  - A iniciativa do Ministro de Finanças da Áustria 37
  - O rastreamento de criptomoedas como prevenção de crimes de lavagem de dinheiro 38
- 4) Reguladores de valores mobiliários 39

CAPÍTULO 3 | REAÇÃO DOS BANCOS CENTRAIS ÀS CRIPTOMOEDAS
.... **41**

- *Introdução* *41*
- *Os bancos centrais enfrentam agora um novo desafio* *42*
  - Banco Central da África do Sul - SARB 43
  - Banco Central da Argentina 44
  - Banco Central da Austrália – RBA 45
  - Banco Central do Brasil – BACEN 46
  - Banco Central do Canadá – BOC 48
  - Autoridade Monetária da China 48
  - Banco Central da Coréia do Sul 49
  - Banco Central da Dinamarca 49
  - Banco Central Europeu – BCE 50
    - O alerta de Benoît Couré no Fórum Econômico Mundial 51
  - Banco Central dos EUA – Federal Reserve 53
    - O discurso de Jerome Powell no The Yale Law School Center for Study of Corporate Law 53
  - Banco Central das Filipinas – BSP 57
  - Banco Central da FinIndia 58
  - Banco Central da França 59
  - Banco Central de Gana – BOG 61
  - Banco Central da Índia – RBI 61
  - Banco Central do Japão – BOJ 62
  - Banco Central do México 63
  - Banco Central da Nigéria – CBN 64
  - Banco de Portugal – BdP 65

Banco Central do Reino Unido – BOE 66
Banco Central da Rússia 67
Autoridade Monetária de Singapura – MAS 68
Banco Central da Suíça – SNB 69
Banco Central da Turquia 70
O Banco Central dos Bancos Centrais – BIS 71

CAPÍTULO 4 | GOVERNOS E CRIPTOMOEDAS 73

Introdução 73
Alemanha 73
Argentina 77
Austrália .... **Error! Bookmark not defined.**
Brasil .... **Error! Bookmark not defined.**
  Receita Federal do Brasil 83
    A Declaração de imposto de renda e as criptomoedas 83
    O que é preciso saber sobre eventual omissão das
    criptomoedas na declaração de imposto de renda 86
    A tributação do aumento patrimonial obtido com
    criptomoedas e proveniente de atividades ilícitas 86
    Qual valor devo declarar no Imposto de Renda, já que não
    existe cotação oficial para tal moeda? E como tais bens serão
    tributados? 87
    A tributação dos ganhos obtidos com a alienação de
    criptomoedas 88
    A operação conhecida como *"day trade"* e a alíquota aplicada
    88
    A possibilidade, ou não, do abatimento de prejuízos passados,
    ao calcular o imposto devido 89
    Saques de criptomoedas no exterior em "moeda fiat" e a
    incidência de eventual tributação 89
    Mineração, pagamento de bens e serviços com criptomoedas
    e demais situações com potencial tributação 89
    Sobre a compra e venda de criptomoedas deve incidir o
    Imposto Sobre Operações Financeiras (IOF)? E o ICMS? 90
    Incidência de tributos municipais (ISS e ITCMD) em fatos
    geradores envolvendo criptomoedas é possível? 91
  Comissão de Valores Mobiliários – CVM 92
  Conselho de Controle de Atividades Financeiras – COAF 96
  Criptomoedas e o tratamento legal pretendido pelo Congresso
  Brasileiro - O Projeto de Lei Nº 2.303 / 2015 96

CRIPTOMOEDAS NO CENÁRIO INTERNACIONAL

Tatiana Revoredo & Rodrigo Borges

Canadá *100*
China *101*
Dinamarca *102*
Espanha *103*
Estados Unidos *104*
    Nova York e a BitLicense 105
        Introdução.. 105
        BitLicense 106
    Wyoming.. 108
    Internal Revenue Service (IRS) 109
    Securities and Exchange Commission – SEC 111
        O que é um Bitcoin ETF?................................... 112
        Se um bitcoin ETF apenas refletir o preço da própria criptomoeda, por que ter um intermediário? Por que não investir apenas em bitcoin diretamente? 113
        A rota para a aprovação do Bitcoin ETF 114
        Por que a SEC não está pronta para um Bitcoin ETF ainda? 115
    Commodity Futures Trading Commission – CFTC 116
    O Senado Americano 117
        O que o Presidente da *"Securities and Exchange Commission"* e o Presidente do *"Commodity Futures Trading Commission"* disseram ao Senado Americano... 117
Estônia .... **Error! Bookmark not defined.**
França *122*
Gibraltar *123*
Índia *124*
Israel *128*
Japão *128*
    O incidente Mt. Gox.. 128
    O renascimento das corretoras de criptomoedas japonesas 129
    Ano de 2017: O divisor de águas 130
    The Payment Services Act 130
    Financial Services Agency (FSA) e a criação da *"Japanese Cryptocurrency Exchange Association"* 131
Malta *132*
México *135*
Nigéria .... **Error! Bookmark not defined.**
Portugal *137*

A Comissão de Valores Mobiliários de Portugal 137
A Autoridade Tributária Portuguesa (AT) 137
Rússia *140*
Suíça *144*
A Crypto Valley Association 144
O objetivo de se tornar a "Crypto Nation" 145
A Autoridade de Supervisão do Mercado Financeiro Suíço .. 145
Uruguai *146*
O esforço da Câmara Fintech uruguaia 146
A ausência de padrões específicos destinados à indústria das criptomoedas 146
O objetivo ambicioso de tornar-se o "Crypto Valley" da América Latina 147
Venezuela *147*
A criação do "Petro" como tábua de salvação para um país com dificuldades econômicas 147
Vietnã *148*
A compilação de uma estrutura legal para criptomoedas para aumentar as possibilidades em tecnologia financeira e pagamentos *online* 148
G20 .... *149*
A inclusão de discussões sobre criptomoedas na agenda do G20 149
A estratégia para posicionar a Europa como uma região pronta a abraçar tecnologias disruptivas 150
O encontro do G20 em Buenos Aires 151
The G20 Communiqué 151
Financial Stability Board – FSB 152
Financial Action Task Force – FATF 153
Parlamento Europeu *154*

CAPÍTULO 5| REGULAÇÃO VS. CRIPTOMOEDAS: É POSSÍVEL REGULAR? 159

Introdução *159*
Criptomoedas e as preocupações regulatórias *160*
Os constantes alertas da mídia 160
Qual é o propósito de uma regulação? Por que precisamos criar leis para disciplinar algo? 160
Regular funções, não tecnologias 161

CRIPTOMOEDAS NO CENÁRIO INTERNACIONAL
Tatiana Revoredo & Rodrigo Borges

    A intangibilidade das criptomoedas e a dificuldade de vinculação jurisdicional 161
    Reguladores x Legisladores: quem cria a lei? 162
    Inovação x Risco 162
    É contraditório falar em regulação de criptomoedas? 163
    Proteção do consumidor Vs Liberdade individual *163*

CAPÍTULO 6 | CONCLUSÃO..**165**

    Tecnologias dispersas e imateriais submetem-se à regulação? *165*
    Maximizando benefícios, minimizando danos *166*
    Regras ex ante e regras ex post *167*
    O melhor caminho a seguir *167*

BIBLIOGRAFIA **169**

AUTORES **203**

"Bitcoin was not forgotten in a vacuum. These works serve to contextualize Bitcoin into the broader story of cryptography and freedom."

Satoshi Nakamoto Institute

CRIPTOMOEDAS NO CENÁRIO INTERNACIONAL
Tatiana Revoredo & Rodrigo Borges

CAPÍTULO 1 | UM BREVE PASSEIO PELO UNIVERSO CRIPTO

> 31 de outubro de 2008
>
> *"I've been working on a new electronic cash system that's fully peer-to-peer, with no trusted third party..."*
>
> Satoshi Nakamoto

Introdução

O surgimento de criptomoedas trouxe uma nova classe de "ativos virtuais" que suscitaram diferentes interpretações, devido à sua constante evolução econômica e legal. E esse caráter dinâmico dos criptoativos representa um grande desafio para reguladores em todo o mundo (Revoredo, 2018).

Atualmente, existem mais de 2.070 criptomoedas em circulação (CoinMarketCap, 2019). Muitas, contudo, não são criptomoedas no sentido terminológico do termo.

O Ether, por exemplo, listado com o código ETH e amplamente negociado em corretoras, é um dispositivo de *token* eletrônico usado como "combustível" dentro da plataforma *Ethereum* para executar contratos inteligentes (Revoredo, 2017).

Neste livro, veremos se podemos classificar Bitcoin como dinheiro, bem como a evolução das criptomoedas e seu impacto nos países, governos e Bancos Centrais.

Vamos começar com uma breve introdução sobre o universo cripto.

A crise de confiança no modelo tradicional de organizações e instituições centralizadas

Com o advento da digitalização da sociedade e da economia da *Web* (Revoredo, 2017), apesar do comércio *online* e pagamentos eletrônicos quase exclusivamente com a intermediação de instituições financeiras, a demanda por "dinheiro digital" surgiu.

Aqui, não estamos falando de moeda eletrônica (que é uma representação da moeda fiduciária, emitida por um Banco Central) ou do uso de cartão de crédito em uma loja *online*, mas desse "ativo digital" que traz confiabilidade, privacidade, transparência (das transações) e velocidade para operações na Internet.

Os inúmeros escândalos envolvendo governos, instituições financeiras e grandes corporações motivaram a sociedade a buscar soluções para os numerosos problemas causados pelo padrão centralizado de transferência de dados e transações comerciais. Para compreender melhor a crise de confiança que se instalou em todo o mundo, sugiro assistir ao documentário americano da Netflix *"Dirty Money"* (Na Rota do

Dinheiro Sujo, em português), que mostra esquemas de corrupção nas corporações americanas.

Nos últimos vinte anos, a economia afastou-se progressivamente do modelo tradicional, de organizações e instituições centralizadas, com posição dominante, e responsáveis por prestar serviços a um grupo de consumidores "passivos" (De Filippi, 2017).

A medida em que a participação de intermediários nas transações deixou de atender às necessidades de um mundo globalizado e interconectado, era questão de tempo até que a inteligência humana criasse uma solução para satisfazer as novas ambições sociais.

Neste contexto é que surgiu a primeira criptomoeda (*Bitcoin*) e a arquitetura que permite seu funcionamento (*Blockchain*).

Vamos descobrir como isso aconteceu.

A origem das criptomoedas[1]

Quando realmente tudo começou

Criptomoeda, ativo do gênero moeda digital, é uma ferramenta monetária virtual que usa criptografia para proteger transações e controlar a criação de novas unidades de valor. A mais famosa delas é o bitcoin.

A história do Bitcoin está intimamente ligada ao pseudônimo Satoshi Nakamoto[2], conhecido como o responsável pela publicação do *White Paper "Bitcoin: A Peer-to-Peer Electronic Cash System"*, publicado em outubro de 2018.

No entanto, a história das criptomoedas começa bem antes disso... (Revoredo, 2018).

As inovações criptográficas iniciais foram armazenadas durante anos pelos países por razões políticas. E foi a

---

[1] Este tópico foi objeto de um artigo chamado "Era uma vez... a origem das criptomoedas. Quando 'realmente' tudo começou." (Revoredo, 2018).

[2] Satoshi Nakamoto é o pseudônimo utilizado pela pessoa, ou grupo de pessoas, que criou o bitcoin. Há diversas teorias a respeito de quem poderia estar por trás da verdadeira identidade de Satoshi Nakamoto, mas por enquanto são apenas especulações.

divulgação dessas informações que possibilitou o surgimento das criptomoedas.

Como se pode extrair da troca de e-mails de Satoshi com a comunidade de criptógrafos (todos disponíveis no *Satoshi Nakamoto Institute*), grande parte do sucesso do bitcoin se deu devido à maturidade das tecnologias de suporte, como a criptografia, a Internet, redes *peer-to-peer* (P2P) e banda larga, para citar apenas algumas (*Saïd Business School - University of Oxford*, 2018).

Veremos a seguir, como diversas pessoas contribuíram para o surgimento da primeira criptomoeda. E muitos suspeitam de que os cientistas da computação, os criptógrafos e matemáticos que veremos a seguir podem ser o grupo que se intitula, ou que um deles é o próprio, Satoshi Nakamoto.

"Moedas digitais" como área de pesquisa desde os anos 80

O interesse pelas moedas digitais surgiu há muitos anos, sendo uma área de pesquisa ativa já no início da década de 1980 (*Saïd Business School - University of Oxford, 2018*).

Em 1982, David Chaum propôs um esquema que usava "*blind signatures*", assinaturas cegas (Rocha, 2018), para construir uma moeda digital, o *eCash*.

A *hashcash* de Adam Back, em 1997, foi originalmente proposta para impedir o envio de e-mails indesejados, não solicitados (*spam*). A ideia do *hashcash* era adicionar um enigma computacional que fosse fácil verificar por uma pessoa, mas que desencorajasse um operador que enviasse um número alto de e-mails de *spam*.

Wei Dai propôs em 1998 a ideia do "*B-Money*", que introduziu a ideia da prova de trabalho na criação de dinheiro eletrônico. Este sistema não possuía detalhes sobre o mecanismo de consenso entre os participantes da rede e possuía alguns problemas de segurança.

Também em 1998, Nick Szabo trouxe a concepção do *Bit Gold* que baseava-se no mecanismo de prova de trabalho e, apesar de esbarrar nos mesmos problemas que o *b-money*, trazia uma novidade: o nível de dificuldade da rede que era ajustável.

Tomas Sander e Ammon TaShama apresentaram um esquema de caixa eletrônico em 1999 que, pela primeira vez, usou as *Merkle Trees* (árvores Merkle, em português) para representar moedas e comprovar a posse dessas moedas[3].

Hal Finney criou o *RPOW (Reusable Proof-of-Work)* em 2004 e usou o esquema *hashcash* de Adam Back de recursos computacionais gastos como uma prova para

---

[3] Árvores Merkle são uma estrutura de dados que permite implementar mapeamento de endereços e criação de contas em um Blockchain e é um dos elementos mais importantes que mantém o funcionamento e a segurança da rede.

criar dinheiro. Este sistema mantinha um banco de dados "centralizado" para acompanhar a validação de todos os *tokens* utilizados através da prova de trabalho.

Foram ideias como *bit-gold*, *b-money*, *hashcash*, criptografia de carimbo de tempo que possibilitaram os fundamentos do Bitcoin. Caso queira saber mais sobre os fundamentos do Bitcoin, sugerimos a leitura da literatura indicada pelo Satoshi Nakamoto Institute.

O Bitcoin é, portanto, o resultado de décadas de pesquisa criptográfica, incluindo as realizadas em árvores Merkle, funções *hash*, criptografia de chave pública e assinaturas digitais (Oxford, 2018).

Blockchain Bitcoin como uma estrutura disruptiva[4]

Um sistema monetário sobre a Internet

Bitcoin possibilita transações de valor, sem a necessidade de um intermediário, validadas por *"nodes"* (uma rede de

---

[4] Este tópico foi objeto de um artigo chamado "Which problems have cryptocurrencies come to solve? Blockchain Bitcoin as a disruptive technology.", Blockchain Academy, 2017 (Revoredo, 2017).

participantes) P2P (Peer-to-Peer) e gravada em uma estrutura descentralizada e distribuída chamada Blockchain.

A arquitetura Blockchain Bitcoin permite que tais dados sejam transmitidos a todos os participantes da rede, de forma descentralizada e transparente, tornando desnecessário o trabalho de um validador para garantir a contabilidade e a confiabilidade das relações desenvolvidas através da Internet.

Dessa forma, a rede armazena o histórico de todas as transações e a propriedade criptográfica de todos os bitcoins, do endereço do criador até o endereço atual.

A informação registrada neste *ledger* (blockchain) é imutável. E, caso um usuário tente reutilizar "moedas" que já tenham sido gastas (*double spending*), toda a rede de computadores que fazem parte do Blockchain Bitcoin rejeitará a transação.

Com a descentralização da rede Bitcoin e a ausência de um administrador central, é impossível a manipulação da emissão e do valor dos bitcoins, ou mesmo induzir a inflação com a criação de novas unidades de Bitcoin. Mas, além das evidentes vantagens da descentralização da rede Bitcoin, quais problemas o Bitcoin vem resolver?

Agora, muito mais do que um software rodando em computadores espalhados pelo mundo, temos uma rede de transferências eletrônicas, independentes de um terceiro, que anima um sistema monetário livre através da Internet.

CRIPTOMOEDAS NO CENÁRIO INTERNACIONAL

Tatiana Revoredo & Rodrigo Borges

Uma alternativa ao atual sistema centralizado de transferência e intermediação financeira

A invenção das criptomoedas, no entanto, veio para desvendar algo maior: os problemas inerentes ao atual sistema centralizado de transferência e intermediação financeira. Vamos verificar os principais: política monetária centralizada, custos de intermediação, privacidade, segurança e gasto duplo) (Revoredo, 2017).

Bitcoin, com sua emissão controlada e limitada, através de um software simulando a taxa de extração de *commodities* como ouro e prata, vem se opor à política monetária centralizada.

E a razão disso é que a fusão de bancos e Estado é um "prato cheio" para eventual manipulação e uso do sistema financeiro. Em detrimento do poder de compra de toda a população, eventualmente, decisões podem ser tomadas para beneficiar uma "minoria" estrategicamente posicionada no ambiente político.

Além disso, as criptomoedas solucionam o problema dos custos de intermediação. O comércio na Internet usa instituições financeiras como intermediárias para o processamento de pagamentos, o que torna o valor das transações muito caro, prejudicando os negócios sem fronteiras da Internet.

Por outro lado, o Bitcoin surge como um garantidor da privacidade das pessoas, opondo-se ao sistema financeiro atual que exige uma série de informações pessoais para validar uma transação. Quantas vezes o consumidor não precisa informar até o local de trabalho e até mesmo seu endereço residencial para conseguir efetivar uma compra?

Na rede Blockchain Bitcoin, cada pessoa possui apenas um ou mais pares de "chaves" usadas para atribuir a propriedade de uma quantidade de bitcoins à sua *wallet* (carteira de criptomoedas).

Isto é, as criptomoedas tecnicamente fazem o papel de dinheiro físico: não há necessidade de o vendedor ter acesso a dezenas de informações pessoais do comprador, nem a origem do seu dinheiro.

Além disso, no sistema tradicional centralizado de intermediação financeira, como os bancos detêm a posse de nossos dados pessoais, eles naturalmente se tornam excelentes alvos para ataques cibernéticos.

Ora, enquanto numa rede centralizada nossas informações estão à mercê da honestidade dos empregados e da segurança dos sistemas dos intermediários (instituições responsáveis por validar uma transação), em uma rede descentralizada essa falta de segurança seria praticamente reduzida a risco zero.

No entanto, a responsabilidade de adotar métodos de proteção adequados aos dados pessoais (o cuidado com as chaves de acesso, por exemplo) é transferida para o usuário.

Finalmente, o Bitcoin resolve o mau funcionamento do *double spending* (ou o cancelamento do pagamento após o recebimento de um produto ou serviço), eis que realizada uma transação em bitcoins, esta se torna irreversível.

Aqui está o caráter disruptivo das criptomoedas, que levou a capitalização de mercado a um avanço significativo, com o valor atual superior a US$ 146 milhões (segundo uma consulta feita em 01/09/2018 no site coinmarketcap.com).

O que é descentralização?[5]

Protocolos de consenso substituindo uma autoridade central

Um dos aspectos mais empolgantes da arquitetura Blockchain é que ela foi projetada para ser inteiramente decentralizada, distribuída.

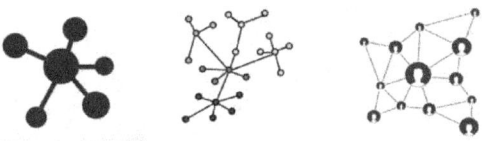

---

[5] Revoredo, Tatiana. In: *Os desafios da escalabilidade do Blockchain*, The Global Strategy, 2018.

A primeira imagem acima representa uma estrutura centralizada. A segunda figura representa um sistema descentralizado. O último desenho representa uma rede distribuída.

Devido à natureza distribuída, não existe um ponto único de falha, não existe uma entidade única no controle da rede.

Ora, isto torna o sistema mais justo e consideravelmente mais seguro. A maneira pela qual os dados são registrados em um blockchain resume, portanto, uma de suas qualidades mais revolucionárias: a descentralização[6]. Em vez de depender de uma autoridade central para validar transações entre os usuários do sistema, o blockchain utiliza protocolos de consenso para validar transações e registrar dados de uma maneira incorruptível[7].

---

[6] Descentralizado significa que não existe um único ponto de falha, não existe uma entidade única no controle da rede. O termo distribuído refere-se ao blockchain em si. Relaciona-se como cada nó que está sincronizado com o blockchain possui uma cópia do *ledger*

[7] Revoredo, Tatiana. In: **Cryptocurrencies in the International Scenario**, Medium, 2018.

A descentralização e o custo das transações

Como o sistema não depende de uma autoridade central, as taxas normalmente cobradas por essas organizações não são mais um fator. Portanto, as transações no blockchain são mais baratas, já que os únicos custos incorridos pelas partes envolvidas são as taxas nominais usadas para recompensar o minerador ou os participantes que executam um nó na rede.

A descentralização é a garantia da segurança do Bitcoin

As informações gravadas no Blockchain Bitcoin são consideradas verdadeiras, pois em uma estrutura descentralizada é quase impossível manipular os dados registrados na rede. As várias cópias do Blockchain Bitcoin distribuídas entre participantes da rede exigem um consenso complexo a ser editado.

Dito de outro modo, os dados estão seguros porque não são dependentes de um armazenamento centralizado, o que reduz seu risco de perda ou destruição. Atacar um ponto de armazenamento numa rede descentralizada não resultaria em perda de dados, pois todas as informações estão em vários dispositivos espalhados em todo o mundo.

A este respeito o Blockchain Bitcoin é a plataforma mais resistente e resiliente atualmente, tendo resistido a tentativas diárias de *hackeamento*, sem nunca ter sido invadida.

É por isso que, recentemente, um relatório econômico emitido pelo Congresso Americano reconheceu as criptomoedas como algo revolucionário, além de apontar a arquitetura blockchain como a mais segura para proteção de dados (Congresso dos Estados Unidos da América, 2018).

Vale a pena destacar, no entanto, que eventual centralização minaria o propósito do Bitcoin. Isto porque, tornaria o protocolo de consenso ineficiente. É a descentralização que garante a segurança, neutralidade política e autenticidade em um blockchain.

Descentralização x Armazenamento em "nuvem"

A descentralização não deve ser confundida com o armazenamento em nuvem. Os dados armazenados na "nuvem" (*Cloud Storage*) não são armazenados diretamente em um dispositivo, mas são mantidos em um servidor central em outro local. Ao contrário do blockchain, portanto, esta é ainda uma solução centralizada.

> Os dados armazenados em um blockchain não são armazenados em um único ponto central, mas distribuídos em muitos dispositivos diferentes em uma rede P2P (rede ponto a ponto).

O que é uma rede P2P?

Uma rede *P2P* (abreviação de *Peer-to-Peer*, ponto a ponto) é uma parte muito importante das estruturas Blockchain e uma das razões por que elas são tão sólidas e seguras.

> Uma rede peer-to-peer é aquela em que dois ou mais computadores compartilham arquivos e acessam dispositivos sem precisar de um servidor ou software de servidor.

Rede *Peer-to-Peer* (P2P) é uma arquitetura de uma aplicação distribuída que compartilha tarefas ou cargas de trabalho entre pares. Os pares são igualmente privilegiados, participantes equipotentes nesta aplicação. Diz-se que eles formam uma rede peer-to-peer de *nodes* (nós, em português).

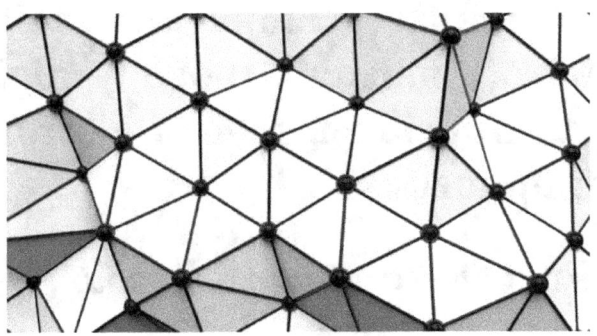

O que é um mecanismo de consenso?

Um protocolo ou mecanismo de consenso é um conjunto de regras que descreve como funciona a comunicação e transmissão de dados entre dispositivos eletrônicos, conhecidos por nós ou *nodes* (em inglês).

> O consenso é alcançado quando dispositivos suficientes estão de acordo sobre o que é verdadeiro e o que deve ser gravado em um blockchain (Revoredo, 2018).

Portanto, os protocolos de consenso são as regras que permitem que dispositivos espalhados pelo mundo cheguem a um acordo, permitindo que uma rede blockchain funcione sem ser corrompida (Revoredo, 2018).

Uma análise comparativa entre dinheiro, moeda, moeda digital, moeda fiduciária, moeda eletrônica e criptomoedas

O que é dinheiro? O que é moeda?

O dinheiro é, na sua forma mais básica, qualquer método para transferir algum tipo de valor de uma pessoa para outra. Comida, sal, couro animal, ouro, prata, já foram usados como "dinheiro" ao longo da história.

> Uma moeda é a execução real do conceito teórico de dinheiro (Hosp, 2017).

Moeda sob uma perspectiva econômica

A princípio, é importante notar que os economistas consideram algo como moeda quando engloba as três características: meio de troca, unidade de conta e reserva de valor.

Especialmente em países onde a credibilidade do governo está em decadência livre, como é o caso da Venezuela, podemos perceber que mais e mais pessoas estão dispostas a guardar Bitcoin para se proteger da inflação (que gera perda de poder aquisitivo) e de crises econômicas (reserva de valor).

Não obstante, embora cada vez mais comerciantes aceitem criptomoedas como meio de pagamento (meio de troca), sob a perspectiva econômica, Bitcoins não podem ser considerados uma moeda "ainda", pois a alta volatilidade desestimula seu uso para precificação de produtos e serviços (unidade de conta) (Revoredo, 2018).

Aqui, é essencial destacar as anotações feitas por Monica de Bolle sobre "O que é uma moeda?":

> "Antes do papel-moeda, da moeda-passivo cujo valor depende da

confiança no governo que a cria e destrói, a moeda era uma mercadoria, um ativo. Moedas de ouro tinham valor não porque eram douradas e brilhantes, mas porque eram feitas de metal precioso. (...). Essas moedas-mercadoria, ou moedas que são, também, ativos, cumprem as mesmas funções do papel-moeda: são usadas para cotar preços, são utilizadas como meio de troca, são poupadas para guardar valor. No entanto, não dependem da solidez de governo algum – não necessariamente – pois têm valor intrínseco, algo que o papel-moeda não tem (Bolle, 2017).

> Criptomoedas têm valor intrínseco.

Valor intrínseco que está nos sistemas operacionais, nas estruturas Blockchain, sem as quais esses ativos virtuais não existiriam.

É verdade que, por enquanto, as criptomoedas ainda não cumprem satisfatoriamente as funções de uma moeda. Mas não dá para desconsiderar que elas estão conosco desde 31 de outubro de 2008, data da publicação do *White Paper* do Bitcoin.

E dez anos depois, não só o termo "Bitcoin" tornou-se bastante conhecido do público em geral, como várias outras criptomoedas surgiram de plataformas tecnológicas mais ou menos semelhantes às criadas pelo misterioso Satoshi Nakamoto.

Moeda sob uma perspectiva jurídica

Agora, sob o aspecto jurídico, para criptomoedas como *Litecoin* e *TeslaCoin* serem "moedas", exige-se curso forçado. Melhor explicando:

> Do ponto de vista legal, as criptomoedas são "moedas" se a lei assim as definir (Revoredo, 2018).

Como exemplo, podemos citar a Alemanha que promoveu o Bitcoin à categoria de *"legal tender"* (curso forçado) e, portanto, equivalente a moeda sob o ponto de vista jurídico, quando usado como meio de pagamento.[8]

Agora, em países cuja lei não lhe confere tal qualidade, como no Brasil, o Bitcoin se posiciona na direção oposta às moedas fiduciárias (aquelas cujo valor advém da confiança que as pessoas têm naqueles que as emitiram).

---

[8] *Bundesministerium der Finanzen.* In: Umsatzsteuerliche behandlung von bitcoin und anderen sog virtuellen waehrungen, on February 27, 2018.

Existem governos, ainda, que consideram o Bitcoin uma moeda estrangeira (Revoredo, 2018).

Criptomoedas x Moeda eletrônica

Criptomoedas são uma espécie de moeda digital, que não se confundem com moedas eletrônicas.

> **Moedas eletrônicas** são emitidas pelo Estado e disponibilizadas em formato digital.
>
> Já as **criptomoedas** possuem natureza privada, são emitidas e garantidas por algoritmos (pela matemática e criptografia), e executadas via Blockchain (Revoredo, 2018).

Criptomoedas x Moeda Estrangeira

Para verificarmos se criptomoedas seriam moeda estrangeira, primeiro é preciso distinguir o valor real de uma moeda do valor em circulação.

O real valor de uma moeda é definido pelo tamanho da economia do país emissor desta moeda[9]. Já o valor em circulação é controlado pelo BACEN[10].

Nessa linha, o valor de uma moeda flutua em relação ao tamanho da economia e a oferta e a demanda de uma moeda dependem da direção que a economia está tomando[11].

> As criptomoedas não estão atreladas a nenhum Banco Central, nem à economia de um país específico. Ainda, a flutuação de seu preço está ligada apenas à oferta e à demanda. Portanto, criptomoedas não são moeda estrangeira (Revoredo, 2018).

---

[9] Lembrando que o dólar americano funciona como uma moeda "base" para outras moedas

[10] Responsável pela política monetária, ou seja, por estabilizar e controlar ao máximo os níveis de preços para garantir a liquidez ideal (equilíbrio) do sistema econômico de um país.

[11] Um exemplo claro disso é o mercado cambial. As taxas de câmbio flutuam a cada segundo. Isto porque os participantes do mercado esperam um valor diferente para a moeda A em relação a outra moeda B.

CRIPTOMOEDAS NO CENÁRIO INTERNACIONAL

Tatiana Revoredo & Rodrigo Borges

Criptomoedas x Moeda Digital

Moeda digital é o dinheiro usado na Internet.

> "**A moeda digital existe apenas na forma digital.** Não tem nenhum equivalente físico no mundo real. No entanto, tem todas as características do dinheiro tradicional. Assim como a moeda fiduciária clássica, você pode obter, transferir ou trocar por outra moeda. Você pode usá-la para pagar pelos bens e serviços, como comunicações móveis e pela Internet, lojas *online* e outros. As moedas digitais não têm fronteiras geográficas ou políticas; transações podem ser enviadas de qualquer lugar e receberam um ponto no mundo." (Tar, 2017)

Com menos de dez anos de existência, as criptomoedas são um ativo tão novo que conceituá-las se torna uma tarefa hercúlea.

> "A tarefa onerosa de definir o que são criptomoedas deriva principalmente de dois fatores:
>
> 1) A dificuldade de qualificar sua essência; e

2) a impossibilidade de se delimitar o tamanho do impacto de algo ainda em desenvolvimento." (Revoredo, 2018)

Embora as criptomoedas sejam um tipo de moeda digital, existem algumas diferenças fundamentais.

"Moedas digitais são centralizadas; existe um grupo de pessoas e computadores que regula o estado das transações na rede. **Criptomoedas são descentralizadas,** e seus regulamentos são feitos pela maioria da comunidade.

Moedas digitais requerem identificação do usuário. Você precisará fazer o upload de uma foto sua e de alguns documentos emitidos pelas autoridades públicas. Compra, investimento e quaisquer outros processos com criptomoedas não exigem nada disso.

Já **as criptomoedas são pseudônimas**. Embora os endereços das carteiras de criptomoedas contenham informações confidenciais (como nome, endereço residencial do detentor das criptomoedas, etc.), **cada transação é registrada de forma pública** na rede, e **os endereços das carteiras** são conhecidos publicamente. Assim, **todas as transações podem ser rastreadas**" (Tar, 2017).

No tocante ao rastreamento das transações, existem empresas como Chainalysis[12] e Elliptic[13] que ajudam a evitar, detectar e investigar violações e crimes praticados com o uso de criptomoedas, como a lavagem de dinheiro e fraudes.

"Moedas digitais não são transparentes. Você não pode identificar o endereço da carteira e

---

[12] Chainalysis is a compliance and research software for the world's top institutions. Its Blockchain Intelligence Platform is able to cryptocurrency transaction monitoring in real-time with raises real-time alerts on incoming and outgoing transactions for links to potentially suspicious activity. Its compliance analysts get dynamically updated customer risk profiles with the most up to date information from the blockchain for periodic reviews. Also, Chainalysis uses pattern recognition, machine learning and millions of open source references to identify and categorize 1,000's of cryptocurrency services.

[13] A empresa Elliptic identifica atividades ilícitas em criptomoedas, fornecendo inteligência acionável para empresas de criptomoedas, instituições financeiras e agências governamentais.

ver todas as transferências registradas na rede. Esta informação é confidencial.

Criptomoedas são transparentes. Todos podem ver qualquer transação de qualquer usuário (identificado por um pseudônimo, isto é, pelo endereço da carteira de criptomoedas), já que todos os fluxos de receita são colocados em uma cadeia pública.

As moedas digitais têm uma autoridade central responsável pelas ocorrências e problemas na rede. Esta autoridade pode cancelar ou congelar transações mediante a solicitação do participante, ou de autoridades, ou ainda, por suspeita de fraude ou lavagem de dinheiro.

Criptomoedas são reguladas pela comunidade. É muito improvável que os usuários não aprovem alterações no Blockchain, embora existam alguns precedentes, como o *"hack* do **The DAO***."* (Tar, 2017) [14]

---

[14] **The DAO** era uma organização autônoma descentralizada digital e uma forma de fundo de capital de risco direcionado a investidores. O DAO tinha como objetivo fornecer um novo modelo de negócios descentralizado para a organização de empresas comerciais e sem fins lucrativos. Foi instanciado no blockchain Ethereum, e não tinha estrutura de gestão convencional ou conselho de administração. O código do DAO era *open-source* (código aberto). The DAO era apátrida e não estava ligado a nenhum Estado nacional em particular. Como resultado, muitas questões sobre como os reguladores e governos lidariam com um fundo sem estado ainda estavam para ser tratadas. O DAO foi financiado por *crowdfunding* em maio de 2016. Ele estabeleceu o recorde para a maior campanha de *crowdfunding* da história. Em junho de 2016, um *hacker* explorou uma vulnerabilidade no código do The DAO, o que possibilitou o desvio de um terço dos fundos do The DAO para uma conta subsidiária. Em 20 de julho de 2016, 01:20:40 PM, no Bloco 1920000, a comunidade Ethereum decidiu alterar o blockchain da Ethereum para restaurar virtualmente todos os fundos para o contrato original. Isso gerou controvérsias na comunidade, e levou a um *"fork"* no Blockchain Ethereum original, que passou a se chamar Ethereum Classic. O Blockchain Ethereum original, então, foi dividido em dois blockchains ativos e separados, cada um com sua própria criptomoeda." Wikipédia, In: *The DAO (organization)*.

O que são criptomoedas?

> Criptomoedas são um novo ativo (digital e com alcance global), garantido por algoritmos criptográficos executados em um blockchain[15] de código aberto, que permitiu o desenvolvimento de uma nova economia: a Criptoeconomia (Revoredo, 2018).

O que é Criptoeconomia?

> A criptoeconomia é uma nova maneira de se fazer negócios que usa ativos criptográficos e protocolos descentralizados como facilitadores da produção, distribuição e consumo de bens e serviços em um mundo digital e descentralizado (Revoredo, 2018).

---

[15] Para saber mais sobre o que é Blockchain, sugerimos dois artigos publicados no *The Global Strategy*:
1) "Blockchain e seu potencial para impactar a sociedade e criar modelos de negócios inimagináveis";
2) "DLT x Blockchain: breve análise comparativa de seus recursos subjacentes".

"Possíveis" classificações das criptomoedas e seus impactos

Há uma multiplicidade de classificações legais atribuídas a Bitcoin e às criptomoedas e, apenas para mencionar algumas delas: *commodities*, ativos financeiros, serviços, bens, instrumentos financeiros, meios de pagamento, moeda, *e-money*, propriedade privada, sistema de pagamento monetário substituto e unidade de conta (Fobe, 2016, pp. 70-74).

Essa diversidade na classificação das criptomoedas também se reflete em sua regulamentação.

A legalidade das criptomoedas varia substancialmente de um país para outro e ainda é indefinida ou situa-se em uma zona cinzenta em muitos outros.

Enquanto alguns países explicitamente autorizaram seu uso e comercialização, outros restringiram ou até as proibiram. Da mesma forma, várias agências governamentais, departamentos e tribunais classificam as criptomoedas de maneiras diferentes.

Alguns Estados já aceitam e reconhecem criptomoedas com segurança, enquanto outros apenas se expressam positivamente sobre o assunto. Há aqueles que não querem interferir e aqueles que apenas expressam seus medos.

Há também céticos sobre a qualidade duradoura das criptomoedas e aqueles que categoricamente não reconhecem sua existência.

Finalmente, alguns governos querem, ou estão prestes a, proibi-las em seu território e outros, efetivamente já as proibiram (Revoredo, 2017).

Além de numerosas classificações possíveis, pode-se observar que as criptomoedas podem ser qualificadas em mais de uma categoria dentro de um mesmo país: ativos financeiros na Austrália, Brasil e Bulgária; ativo imaterial na Austrália, Singapura, Holanda e Noruega; dinheiro na Austrália; dinheiro eletrônico no Líbano; instrumento financeiro na Alemanha e na Noruega; meios de pagamento na Alemanha, no Reino Unido, na Suíça, Canadá, Estados Unidos, Finlândia, Hong Kong, Irlanda e Suécia; moeda nos Estados Unidos e na Irlanda; moeda virtual na Croácia; propriedade privada na França; serviço em Singapura, Finlândia, França e Polônia; sistema de pagamento em Espanha; substituto monetário na Rússia e unidade de conta na Áustria (Fobe, 2016, pp. 70-74).

Daí, pode-se concluir que os posicionamentos conflitantes e numerosos sobre os criptoativos são reflexo da dificuldade dos legisladores em compreender a essência das criptomoedas e delimitar a extensão do seu impacto na sociedade.

CRIPTOMOEDAS NO CENÁRIO INTERNACIONAL

Tatiana Revoredo & Rodrigo Borges

CAPÍTULO 2 | O ECOSSISTEMA DAS CRIPTOMOEDAS E SEUS DESAFIOS

Introdução

Apesar da evolução do cenário internacional ao longo dos anos, com crescente interesse das pessoas[16] e o olhar mais

---

[16] Conforme detalhado no "Search Year 2017" pelo gigante de pesquisas (GOOGLE, 2017), que dá uma visão geral do que aconteceu em 2017, o bitcoin ficou em segundo lugar na categoria na categoria "Global News" (Notícias Globais). De mesma forma, "Como comprar Bitcoin" também ficou em terceiro lugar na categoria de pesquisa "Como ...". Com isso, percebe-se quão forte foi o interesse em bitcoins e criptomoedas durante o ano de 2017. Analisando a corrida histórica nos preços do mercado das criptomoedas em 2017, verifica-se que o preço do bitcoin subiu 20x ao longo do ano, e que seu preço saiu de uma cotação de US $ 900, em janeiro de 2017, para alcançar o pico de US $ 19.783 em dezembro do mesmo ano. A capitalização de mercado também ultrapassou US $ 650 bilhões, bem acima dos US $ 17 bilhões desde o início de janeiro, de acordo com o site CoinMarketCap.

atento e sério dos governos sobre o assunto, ainda há um longo caminho a percorrer até que algumas criptomoedas se tornem globais.

Para facilitar a compreensão do ecossistema de criptomoedas no cenário mundial, veremos neste tópico: obstáculos para a adoção de criptomoedas pelas pessoas[17] e os maiores desafios encontrados pelos legisladores.

Obstáculos ao *mainstream* [18]

Atualmente, o maior obstáculo para a adoção de criptomoedas é, sem dúvida, o estágio embrionário em que se encontram.

E como tudo que é novo, as dificuldades vão desde barreiras culturais, aspectos da política tributária, preocupação com o combate à lavagem de dinheiro e os reguladores de valores mobiliários.

---

[17] O que é conhecido no jargão popular como mainstream (adoção em massa, objetivo final de moedas de criptografia.

[18] Mainstream é a tendência dominante ou a corrente de pensamento mais comum ou generalizada no contexto de uma dada cultura. A corrente dominante inclui toda cultura popular e cultura de massa, que são difundidas pela mídia de massa (WIKIPEDIA - The free encyclopedia, 2018).

Então, vamos analisar esses desafios para a adoção de criptomoedas, um a um.

1) Barreiras culturais

As barreiras culturais estão entre os maiores desafios para a adoção das criptomoedas globalmente, devido à falta de compreensão pelas pessoas em geral.

O fato é que nem todos são "early adopters" e estão dispostos a confiar seu suado dinheiro a um sistema de computador "sem rosto", especialmente se não souberem lidar facilmente com tecnologia.

Além disso, em seu atual estágio de desenvolvimento, as criptomoedas ainda exigem conhecimento e estudo daqueles que desejam adquiri-las. Por exemplo, é necessário aprender sobre como as chaves públicas e privadas funcionam.

A verdade é que para adoção das criptomoedas tornar-se global, elas precisam atingir maturidade tecnológica suficiente para serem de "fácil utilização".

Além disso, a reputação do Bitcoin adquirida nos dias do "*Silk Road*", aliada à mídia não especializada no assunto, contribuiu para aumentar a confusão de quem já tem dificuldade de compreender, ou não está aberto a novas tecnologias.

Interessante abrirmos parênteses aqui para falarmos sobre o *Silk Road* (Rota da Seda, em português).

Silk Road

Silk Road era um mercado que operava através da Darkweb[19] e usava a rede *Tor* para assim garantir o anonimato dos compradores e vendedores no comércio ilícito, particularmente de narcóticos (Nerdologia, 2016).

O site foi lançado em fevereiro de 2011 (Norrie & Moses, 2011). A partir de 2012, as vendas anuais foram estimadas em 22 milhões de dólares norte-americanos (Christin, 2012). Em outubro de 2013, o FBI fechou o site do *Silk Road* e prendeu Ross William Ulbricht, acusando-o de ser "*Dread Pirate Roberts*" ou *DPR*, o proprietário do site (Anderson & Farivar, 2013).

Em 6 de novembro de 2013, o *Silk Road 2.0* foi lançado por ex-administradores do Silk Road original (Greenberg, 2013). Este também foi encerrado, e seu suposto operador foi preso em 6 de novembro de 2014, na chamada "Operação Ominous", operação da polícia internacional contra os mercados da Darknet e outros serviços obscuros na rede Tor. Ulbricht foi condenado a prisão perpétua (Weiser, 2015). Para saber mais sobre Silk Road, está disponível na Netflix o documentário Deep Web, que fala sobre a polêmica página encerrada pelo FBI em 2013. (Netflix, 2015).

---

[19] Para compreender o que é Darkweb e rede Tor, assista Deep Web e Dark Web no Canal Nerdologia, no YouTube. Disponível em: https://youtu.be/yeLjR6XekGc

2) Política tributária

A segurança à privacidade das pessoas proporcionada pela criptografia, que dificulta a identificação dos proprietários das *wallets* (carteiras de criptomoedas) pelas autoridades, poderiam eliminar ou exigir a alteração da atual política tributária.

Com isto, parte significativa deste realinhamento entre moeda e o sistema tributário subjacente pode impactar governos e as atuais entidades do setor privado que fornecem serviços de armazenamento e transação de moeda (bancos centrais ou privados), sistema de pagamento por cartão de crédito, etc.) (Walton, 2014).

Logo, é razoável esperar resistência e reconhecimento do valor e viabilidade das criptomoedas por parte daqueles que estão no poder.

3) O combate à lavagem de dinheiro

O terceiro obstáculo à adoção das criptomoedas em nível global vem da associação, pelas autoridades e legisladores, do uso de criptomoedas para a prática de fraude e lavagem de dinheiro.

Nesse campo, percebe-se uma narrativa global e contínua de Bancos Centrais, governos e autoridades de que a lavagem de capitais deve ser alvo de regulamentos mais rigorosos direcionados às criptomoedas.

Por isso, muitos governos têm observado de perto as corretoras de criptomoedas, submetendo-as a inspeções periódicas e exigências ligadas a procedimentos de KYC, "*Know Your Client*"[20] (conheça o seu cliente).

Autoridades no Fórum Econômico Mundial

No Fórum Econômico Mundial deste ano, por exemplo, o Secretário do Tesouro americano disse que seu foco é garantir que criptomoedas não sejam usadas para atividades ilícitas.

Na mesma ocasião, Theresa May manifestou sua preocupação com a possibilidade de criminosos utilizarem-se de criptomoedas para transferir recursos de forma anônima[21].

Os relatórios japoneses

De outro lado, relatórios reportando situações suspeitas começaram a ser exigidos no Japão desde abril de 2017, após nova legislação exigir das corretoras de

---

[20] Que traduzido ao pé da letra seria "Conheça seu cliente": uma das normas padrões de qualquer programa de conformidade (compliance) em uma grande instituição financeira.

[21] Evento realizado em Davos entre 23 e 26 de janeiro de 2018.

criptomoedas maior transparência e observância aos regulamentos contra a lavagem de capitais.

Criptomoedas representam menos de 1% dos relatórios sobre lavagem de dinheiro

Apesar da narrativa contínua pelos governos internacionais de que a lavagem de capitais ser o motivo central para as criptomoedas serem alvo de regulações mais duras, os números são promissores. Apenas 0,16% das operações reportadas nos relatórios de lavagem de dinheiro em 2017 vieram das operações envolvendo criptomoedas (Suberg, 2018).

Regras de negociação existentes para ouro e derivativos como um norte?

Outros países, por sua vez, estão considerando basear as regulamentações sobre criptomoedas nas regras de negociação já existentes para ouro e derivativos, com o intuito de evitar que criptomoedas sejam usadas no branqueamento de capitais (Groendahl, 2018).

A iniciativa do Ministro de Finanças da Áustria

Também há um movimento de algumas autoridades, como o Ministro de Finanças da Áustria, no sentido de formar um grupo de trabalho, junto à Comissão da União Europeia em Bruxelas, destinado a aceitar propostas dos países membros sobre como lidar com a fraude em criptomoedas (Vietnna.AT, 2018).

O rastreamento de criptomoedas como prevenção de crimes de lavagem de dinheiro

Aqui, é importante mencionar que existem empresas, como Chainalysis[22] e Elliptic[23], que executam o rastreamento de criptomoedas e ajudam a prevenir, detectar e investigar violações de crimes de criptomoedas, lavagem de dinheiro, fraude e *compliance*.

Há, contudo, criptomoedas como Dash e Monero, com foco exclusivo na privacidade de seus usuários, que são criadas para não serem rastreadas.

---

[22] O Chainalysis é um *software* de compliance e pesquisa usado por algumas das principais instituições e governos do mundo. Sua plataforma Blockchain Intelligence é capaz de monitorar transações de criptomoedas em tempo real, com alertas sobre transações referentes a atividades potencialmente suspeitas. Seus analistas obtêm perfis de risco atualizados dinamicamente com as informações mais atualizadas do blockchain. Além disso, o Chainalysis usa reconhecimento de padrões, *Machine Learning* e milhões de referências *open source* para identificar e categorizar 1.000 serviços de criptomoedas.

[23] Elliptic identifica atividades ilícitas com o uso de criptomoedas, fornecendo inteligência para empresas de criptomoedas, instituições financeiras e agências governamentais.

4) Reguladores de valores mobiliários

Quando o assunto diz respeito a criptomoedas, as autoridades de títulos mobiliários estão com sérias dificuldades de compreender e interpretar seus reflexos nos mercados de capitais.

Algumas jurisdições têm atuado com cautela, dada a inovação inerente a este novo instrumento, ainda em constante evolução quanto à sua natureza econômica e jurídica.

Outras jurisdições, no entanto, têm agido com rigor excessivo, como é o caso, por exemplo, do Estado de Israel cujo presidente da Autoridade de Valores Mobiliários[24] manifestou seu desejo de banir da Bolsa de Tel Aviv as companhias listadas na bolsa que desejam ter seus negócios baseados em Bitcoin ou outras criptomoedas (Scheer, 2017).

As preocupações vão desde as melhores práticas do mercado de criptomoedas (que em alguns casos são consideradas valores mobiliários e, portanto, sujeitas à autorização do regulador para serem ofertadas ao público) à falta de regulamentação para ICOs[25], ofertas

---

[24] ISA, na sigla em inglês
[25] Oferta pública de criptomoedas, captações públicas de recursos, tendo como contrapartida a emissão de ativos virtuais (também conhecidos como *tokens* ou *coins*), junto ao público investidor.

públicas de criptomoedas e bolsas de negociação (corretoras), dentre outros.

Por isto, as criptomoedas são um enorme desafio para os reguladores de valores mobiliários, o que, por consequência, dificulta sua adoção global.

Aqui, é importante notar, contudo, que existem operações de ICO que não se encontram sob a competência das autoridades de valores mobiliários, por não se configurarem como ofertas públicas de valores mobiliários.

CAPÍTULO 3 | REAÇÃO DOS BANCOS CENTRAIS ÀS CRIPTOMOEDAS

Introdução

Nos países, é o Banco Central quem controla a oferta de dinheiro, através de um conjunto de ferramentas (a chamada política monetária) que influência direta e indiretamente a oferta ou demanda de moeda.

Após dez anos do nascimento do Bitcoin, os bancos centrais do mundo todo têm procurado compreender quais as vantagens e desvantagens das criptomoedas. E recentemente, o BIS, considerado o Banco Central dos Bancos Centrais, disse que legisladores não podem ignorar o crescimento das criptomoedas.

Diante disto, este tópico traz um esboço de como os maiores bancos centrais do mundo têm se posicionado com relação às criptomoedas. Não se trata da opinião pessoal dos autores, mas apenas da exposição dos posicionamentos das autoridades monetárias mundiais.

Os bancos centrais enfrentam agora um novo desafio

O aumento súbito dos criptoativos pode representar desafios aos bancos centrais e intermediários financeiros. Pelo menos é esta a esperança dos aficionados por criptomoedas: criar moedas privadas que competem com as moedas fiduciárias oficiais e atrapalham os modelos de negócios das instituições financeiras (Fatás & Di Mauro, 2018).

A introdução de moedas paralelas (criptomoedas) pode ter um efeito sobre as operações dos bancos centrais em muitos níveis (Fernández-Villaverde e Sanches 2016). Existe uma analogia entre esta situação e o caso dos bancos centrais que lidam com a dolarização parcial de suas economias (Baliño et al. 1999).

Primeiro, se as transações com criptomoedas se popularizarem, isso poderá impossibilitar que os bancos centrais exerçam sua política monetária. Em segundo lugar, à medida em que indivíduos, corporações e, possivelmente, instituições financeiras aumentem seu patrimônio em criptomoedas, o sistema financeiro provavelmente se ficará menos estável, a menos que o banco central possa encontrar outras maneiras de estabilizar a liquidez das criptomoedas. Finalmente, a popularidade das criptomoedas pode trazer volatilidade e a uma incerteza adicional na taxa de câmbio (Calvo e Vegh, 1992).

É por tais motivos que muitas autoridades monetárias veem as criptomoedas como uma ameaça ao monopólio estatal do exercício de política monetária. Como os Bancos Centrais têm se posicionado quanto às criptomoedas

Banco Central da África do Sul - SARB

O South Africa Reserve Bank – SARB –, o Banco Central da África do Sul vem monitorando a situação das criptomoedas no país.

Em 2014, a autoridade monetária sul africana emitiu um documento oficial descrevendo seus pontos de vista sobre o assunto. Na ocasião, afirmou que as criptomoedas não representam uma ameaça para o Rand sul-africano, ou instituições financeiras:

> "Dado o cenário atual e as informações atualmente disponíveis, o Banco sustenta que os VCs não representam risco significativo para a estabilidade financeira, a estabilidade de preços ou o Sistema Nacional de Pagamentos".

A instituição não reconhece nenhuma criptomoeda como moeda legal.

O Banco Central sul africano não vê as criptomoedas como uma alternativa à moeda fiduciária, nem as vê como moedas legítimas.

Após cinco anos do primeiro documento oficial do SARB sobre criptomoedas, a instituição lançou uma força tarefa para lidar com o desenvolvimento de criptomoedas e fintech no país.

E como acontece em todo o mundo, a proteção dos investidores tem sido uma grande preocupação da autoridade monetária sul africana dado a elevada volatilidade inerente ao mercado de criptomoedas e ICOS.

Esta força tarefa, com caraterísticas de órgão auto regulador, está autorizado a estabelecer suas próprias diretivas, na busca de equilibrar o ecossistema cripto e blockchain no país (Jekinson, 2018).

Banco Central da Argentina

O Presidente da autoridade monetária da Argentina, na reunião do G-20 realizada em Buenos Aires no início deste ano, ambiciosamente estabeleceu um prazo uma regulação global referente às criptomoedas.

E na mesma ocasião, disse para os membros do G20 apresentarem "recomendações específicas sobre o que fazer a respeito". Afirmou também que forças-tarefa já estavam trabalhando para formular propostas (Thomson, 2018).

Mas o impulso da Argentina para regular o ecossistema das criptomoedas não é um sinal da desaprovação da tecnologia pelo país. Pelo contrário, a Argentina tem condições de reivindicar o título de "líder sul-americano" quando se trata de criptomoeda, como veremos no Capítulo 4.

Banco Central da Austrália – RBA

Em discurso feito em Sydney, logo após o lançamento do primeiro mercado de futuros bitcoin pelo CME Group [26], Philip Lowe - chefe do *Reserve Bank of Australia* (RBA) – disse ser difícil ver bitcoins usados para transações diárias.

Lowe observou que:

> "(...) como um instrumento de pagamento, parece mais atraente para aqueles que querem fazer transações no mercado negro ou ilegal, ao invés de transações cotidianas. O valor do bitcoin é muito volátil, o número de pagamentos que atualmente podem ser gerenciados é muito baixo, existem problemas de governança, o custo de transação envolvido para fazer um pagamento com bitcoin é muito alto e as estimativas da eletricidade usada no processo de

---

[26] Para aproveitar o crescente interesse dos investidores, a corretora de derivativos localizada em Chicago, a "CBOE Global Markets" iniciou negociação de futuros em bitcoins no domingo, enquanto o Grupo CME iniciou seus contratos em 17 de dezembro de 2017.

mineração as moedas são surpreendentes" (Pandey & Cole, 2017).

Acrescentou que o banco central australiano está aberto à ideia de emitir uma nova forma de dinheiro digital, talvez usando a tecnologia que sustenta os bitcoins, mas ressaltou que não tem planos imediatos de emitir uma moeda eletrônica de dólar australiano, pois a história da emissão privada é de pânico e instabilidade periódicas.

Apesar do discurso de Philip Lowe em 2017, Tony Richards, chefe do departamento de política de pagamentos do RBA descartou a ideia da emissão de uma "central bank digital currency – CBDCs" devido à pouca demanda (Zhao, 2018).

Banco Central do Brasil – BACEN

Ao definir o que são "moedas virtuais", o Banco Central do Brasil (BACEN) o faz de forma semelhante à adotada pelo Marco Regulatório do Estado de Nova York, elaborado no mesmo período (Revoredo, 2018).

O Banco Central do Brasil nomeia criptomoedas como "moedas virtuais" ou "moedas criptografadas" e as diferencia de moedas eletrônicas.

Moedas eletrônicas são recursos armazenados em um dispositivo ou sistema eletrônico que permite ao usuário final realizar uma transação de pagamento em moeda nacional.

Regulamentadas pela Lei nº 12.865/2013, as moedas eletrônicas compreendem, por exemplo, as unidades digitais de cartões de crédito pré-pagos e as moedas utilizadas em plataformas de jogos.

As criptomoedas, chamadas pelo BACEN como "moedas virtuais", possuem forma própria, isto é, são unidades de conta, distintas das moedas eletrônicas, emitidas por governos soberanos.

O Banco Central do Brasil é, portanto, preciso no diagnóstico quando se mostra consciente e atento à natureza privada das criptomoedas (Revoredo, 2018).

Em relação à regulação bancária das criptomoedas, o BACEN publicou o Comunicado nº 25.306, de 19/02/2014, cujo conteúdo simples e sucinto nos diz que o número de transações de "moedas virtuais" no Brasil ainda é muito baixo. Bem por isso, seu uso ainda não representa riscos para o Sistema Financeiro Nacional, principalmente considerando o volume de compras no varejo.

Em relação à garantia de conversão das moedas criptografadas para "Real", o BACEN destacou que não há garantia de conversão para a moeda oficial, nem são garantidas por ativos reais de qualquer espécie.

Além disso, o Banco Central do Brasil esclareceu que o valor de converter uma moeda criptografada, em moedas emitidas por autoridades monetárias, depende da credibilidade e confiança dos agentes de mercado em aceitar a chamada moeda virtual como meio de troca e expectativas de sua valorização. Não há, portanto, nenhum mecanismo governamental que garanta o valor oficial das criptomoedas. É por isso que todo risco de sua aceitação está nas mãos dos usuários (Revoredo, 2018).

Banco Central do Canadá – BOC

Carolyn Wilkins, vice-governadora sénior do Banco Central do Canadá (Bank of Canada – BOC), está liderando as pesquisas sobre as criptomoedas.

E apesar de ter dito em março de 2017 que as criptomoedas não são formas reais de dinheiro, Wilkins reconheceu que a tecnologia de *ledgers* distribuídos é capaz de tornar o sistema financeiro mais eficiente.

A equipe do "BOC" também está explorando as circunstâncias em que pode ser apropriado para o banco emitir sua própria moeda digital (Lam, 2017).

Autoridade Monetária da China

A China deixou claro: o Banco Central tem controle total sobre as criptomoedas no país.

Com uma equipe de pesquisa criada em 2014 para desenvolver sua própria moeda digital, o *People's Bank of China* acredita que "*as condições estão maduras*" para abraçar a tecnologia.

Paralelamente a isto, autoridades chinesas estão atacando as operações de mineração e criptomoedas como Bitcoin.

A China diz que tornar-se digital poderia ajudar a melhorar a eficiência dos meios de pagamento e permitir um controle mais preciso de sua moeda fiduciária.

Banco Central da Coréia do Sul

As autoridades da Coréia do Sul concentram-se na proteção dos consumidores e na prevenção do uso das criptomoedas como uma ferramenta para o crime.

Enquanto o governo sul coreano continua a fechar corretoras de criptomoedas pelo país, a Comissão de Serviços Financeiros está criando uma equipe especial para investigar o comércio paralelo de criptomoedas.

Em novembro de 2017, o vice-governador do Banco da Coreia, Shin Hosoon, disse ser necessário mais pesquisa e monitoramento, bem como advertiu que as criptomoedas poderiam "corromper a juventude da nação".

Banco Central da Dinamarca

O Banco Central dinamarquês, em estudo publicado no final do ano passado, concluiu que a introdução de uma moeda digital emitida pela autoridade monetária do país não resultaria em melhores soluções de pagamento, além de trazer mais riscos à estabilidade financeira monetária.

> "No contexto dinamarquês, não está claro o que a moeda digital do banco central poderia contribuir com algo que ainda não esteja coberto pelas soluções de pagamento atuais", ressaltando que a Dinamarca possui uma infraestrutura de pagamentos segura e eficaz que, entre outros

coisas, prevê a liquidação imediata de pagamentos e inclui garantias para depósitos bancários até cerca de kr. 750.000[27] (News - Danmarks National Bank, 2017).

Por isso, o chefe do Banco Central da Dinamarca afirmou aos investidores para "ficarem longe" do bitcoin.

Em declaração no final do ano passado, Lars Rohde (diretor do Denmark's National Bank) pontuou não se tratar de um mercado regulamentado, de modo que não é da responsabilidade das autoridades e, portanto, os usuários possuem inteira responsabilidade por seus atos, assim como não poderão reclamar se algo der errado (DR, 2017).

Banco Central Europeu – BCE

O Banco Central Europeu alertou repetidamente sobre os "perigos" de investir em "moedas digitais".

---

[27] Tradução livre de: "In a Danish context, it is unclear what central bank digital currency would be able to contribute that is not already covered by the current payment solutions," the analysis states, pointing out that Denmark has a secure and effective payments infrastructure which, among other things, provides for immediate settlement of payments and includes guarantees for bank deposits up to approximately kr. 750,000".

O vice-presidente Vitor Constâncio disse em setembro de 2017 que "Bitcoin não é uma moeda, mas uma tulipa" – fazendo alusão à bolha do século XVII na Holanda.

O presidente do BCE, Mario Draghi, disse em novembro de 2017 que o impacto das moedas digitais na economia da zona do euro foi limitado.

O alerta de Benoît Couré no Fórum Econômico Mundial

No Fórum Econômico Mundial em Davos, em janeiro deste ano, Benoît Couré – membro do Conselho Executivo e responsável pelas políticas do Banco Central Europeu – afirmou[28] para o fato de que os líderes das maiores economias do mundo planejavam discutir um quadro regulamentar global para as criptomoedas na reunião da cúpula do G20 em março, na cidade de Buenos Aires, como posteriormente ocorreu.

E em momento surpreendente de seu discurso, Benoît Couré questionou "Como vocês entendem e como vocês controlam esses *gateways* entre o universo monetário

---

[28] Em discurso realizado no Fórum Econômico Mundial, em Davos (em 26/1/2018)

obscuro e o sistema financeiro regular?"[29] e, em seguida, afirmou, "Isso está sendo discutido e haverá respostas"[30].

Ainda, em fala direcionada aos formuladores de políticas, Benoîte Couré disse para que não se perdesse de vista as oportunidades trazidas pelas criptomoedas[31], (....), e acrescentou:

> "(...) o que Bitcoin nos diz como banqueiros centrais é que nossos sistemas de pagamentos são muito caros e muito lentos e temos que agir sobre isso e precisamos de melhores pagamentos entre fronteiras porque é bom para o desenvolvimento e isso é bom para a inclusão financeira"[32].

---

[29] Tradução literal de sua fala original: "How do you understand and how do you control these gateways between the shadow currency universe and the regular financial system?"

[30] Tradução literal de sua fala original: "That's being discussed and there will be answers"

[31] Tradução literal de sua fala original: "But don't lose sight of the opportunities"

[32] Tradução literal de sua fala original: "(...) what Bitcoin tells us as central bankers is that our payments systems are too expensive and too slow and we have got to act on that and we need better cross-border payments because it is good for development and it is good for financial inclusion".

Banco Central dos EUA – Federal Reserve

A postura do *The Federal Reserve* (Banco Central dos Estados Unidos) sobre as criptomoedas demonstra uma preocupação com a privacidade.

Jerome Powell, atual presidente do *The Federal Reserve*, abordou no início de 2017 algumas questões técnicas que permeiam a tecnologia blockchain e chegou a afirmar que a "gestão de risco e governança será crítica" (Powell, 2017).

O discurso de Jerome Powell no The Yale Law School Center for Study of Corporate Law

Veremos a seguir os principais trechos do discurso proferido pelo Presidente do Banco Central Americano no *The Yale Law School Center for the Study of Corporate Law*, em New Haven, Connecticut.

Ao tratar da nova tecnologia DLT (Decentralized Ledger Technology), Powell afirmou que:

> "E como acontece com qualquer nova tecnologia, as coisas podem dar errado. Nós precisaremos de uma análise completa de como o DLT se encaixa nos marcos legais atuais e quais lacunas precisam ser

> preenchidas por acordos contratuais ou novas leis e regulamentos. Uma base legal robusta que forneça certeza em jurisdições relevantes é essencial para a construção de uma forte governança, gerenciamento de riscos e operações."[33]

Em seguida, quanto à emissão de moedas digitais pelos bancos centrais, após ressaltar a existência de desafios técnicos "significativos", e a questão da privacidade como um problema, Powell observou que embora esta seja uma ideia fascinante, existem questões políticas importantes que precisam ser analisadas como:

> Uma moeda digital também seria um alvo principal como veículo potencial para atividades criminosas globais, incluindo lavagem de dinheiro.
>
> A criptografia avançada poderia reduzir a vulnerabilidade a ataques

---

[33] Tradução literal de: "And, as with any new technology, things may go wrong. We will need a thorough analysis of how DLT fits into current legal frameworks and what gaps need to be filled by contractual agreements or new laws and regulations. A robust legal basis that provides certainty across relevant jurisdictions is essential for building strong governance, risk management, and operations." (Powell, 2017)

cibernéticos, mas facilitar a ocultação de atividades ilegais.

A crescente capacidade de computação ao longo do tempo pode ser usada para aumentar a segurança, mas também pode aumentar as ameaças.

Questões de privacidade devem ser seriamente consideradas. Os bancos centrais teriam que manter registros de emissão de moeda digital e talvez precisassem manter registros de transações individuais para autenticar essas transações e combater riscos cibernéticos e atividades ilegais.

No ambiente atual, os bancos comerciais mantêm registros extensos para transações individuais com cartões de débito e crédito e monitoram cada vez mais padrões de comportamento para fraudes. No entanto, tais registros nas mãos de um banco central ou de uma entidade governamental podem levantar sérios problemas de privacidade por parte dos usuários e podem limitar o apelo público.

Qualquer banco central que esteja pensando ativamente em emitir sua

> própria moeda digital precisaria considerar cuidadosamente toda a gama do sistema de pagamentos e outras questões políticas, que parecem substanciais, bem como os potenciais benefícios sociais. Na minha opinião, eles também devem considerar se o setor privado pode atender substancialmente as mesmas necessidades.

E por fim, Powell conclui:

> "Vivemos em um momento de extraordinária mudança tecnológica. Devemos estar abertos às novas ideias e inovações que impulsionarão o crescimento econômico e as melhorias em nosso sistema financeiro. Ao mesmo tempo, o público espera, com razão, que as autoridades façam o que for preciso para manter seu dinheiro seguro. Nós, do setor público, vamos insistir em segurança e proteção, ao mesmo tempo em que trabalhamos para garantir que nossos cidadãos se

beneficiem da inovação do sistema de pagamentos."[34] (Powell, 2017).

Banco Central das Filipinas – BSP

O Banco Central das Filipinas (BSP) introduziu legislação destinada a reconhecer e regular as bolsas de negociação de criptomoedas no início de 2017, buscando criar um quadro regulatório que promova a inovação, ao mesmo tempo em que gerencie os riscos relacionados a lavagem de dinheiro e ao financiamento do terrorismo.

Espinhela, presidente do BSP, descreveu o bitcoin como desfrutando de um crescimento significativo nas Filipinas, afirmando que o volume de negociação quase se triplicou em 12 meses[35].

---

[34] Tradução literal de: "We live in a time of extraordinary technological change. We should be open to the new ideas and innovations that will drive economic growth and improvements in our financial system. At the same time, the public rightfully expects that authorities will do whatever it takes to keep their money safe. Those of us in the public sector will insist on safety and security, while also working to assure that our citizens benefit from payments system innovation."

[35] volume de negociação mensal aproximado de US $ 6 milhões em 2017, em comparação com apenas US $ 2 milhões no ano de 2016.

O governador do BSP ainda enfatizou "a importância" das negociações de bitcoin "sob o manto regulatório" do Estado, e expressou sua crença de que as moedas virtuais têm o potencial de revolucionar o setor de pagamentos e serviços financeiros.

Por fim, sugeriu que as criptomoedas podem promover uma maior inclusão financeira no que diz respeito às indústrias monetárias virtuais no futuro (Agcaoili, 2017).

Banco Central da Finlândia

Um documento divulgado em 5 de setembro pelo Departamento de Pesquisa do Bank of Finland – Banco Central da Finlândia[36] – reconheceu como "sistema revolucionário" o sistema econômico do Bitcoin.

Elaborado por três pesquisadores da Columbia Business School (Huberman, Leshno, & Moallemi), após investigação sobre os prós e contras da infraestrutura do bitcoin, a pesquisa aponta a tecnologia que fundamenta o bitcoin como:

> "(...) um sistema executado por um protocolo cuja dinâmica oferece um grau de proteção contra eventual manipulação do mercado".

---

[36] É o quarto Banco Central mais antigo do mundo

E dentre outras afirmações notáveis apresentadas ao longo do artigo, os autores constatam que:

> "Não há necessidade de regulação do bitcoin, porque, como sistema, compromete-se com o protocolo, e as taxas de transação são determinadas pelos usuários, independentemente dos esforços dos mineradores."

Embora o próprio documento indique que os pontos de vista apresentados não representam a posição oficial do Banco da Finlândia, a publicação é, sem dúvida, notável devido ao envolvimento do banco central com seus autores.

Banco Central da França

Em pronunciamento feito em Pequim (Galhau, 2017), François Villeroy de Galhau, presidente do Banco Central francês, posicionou-se da seguinte maneira:

> "Eu gostaria de dizer algumas palavras sobre o bitcoin, que é um assunto de grande atenção, especialmente aqui na China. Ele está associado a uma tecnologia útil, a do blockchain e dos registros distribuídos (ou Distributed Ledger Technology). O Banque de France, como outros jogadores, está

experimentando essa tecnologia inovadora.

Mas além disso, não deve haver ambiguidade: o bitcoin não é uma moeda, nem mesmo uma criptomoeda. É um ativo especulativo. Seu valor e alta volatilidade não correspondem a quaisquer subjacentes econômicos e não são de responsabilidade de ninguém. O Banque de France gostaria de salientar que aqueles que investem em bitcoins o fazem inteiramente por sua conta e risco.

Também observamos com interesse as medidas tomadas pelas autoridades chinesas em relação às ICOs."[37]

---

[37] Tradução literal de: "Je voudrais d'abord dire quelques mots sur le bitcoin, sujet de grande attention particulièrement ici en Chine. Il est associé à une technologie utile, celle de la blockchain et des registres distribués (ou Distributed Ledger Technology). La Banque de France, comme d'autres acteurs, expérimente cette technologie innovante. Mais au-delà, il ne doit pas y avoir d'ambiguïté : le bitcoin n'est en rien une monnaie, ou même une crypto monnaie. C'est un actif spéculatif. Sa valeur et sa forte volatilité ne

Banco Central de Gana – BOG

Em 22 de janeiro de 2018, em uma coletiva de imprensa, o presidente do Banco Central do Gana (Bank Of Ghana – BOG), Dr. Ernest Addison, declarou que *"Bitcoin ainda não possui curso legal"*.

Embora haja um projeto de lei no parlamento ganense que possibilita o uso de criptomoedas no país (através de corretoras registradas no governo como *"Electronic Money Issuers"*) (Bank Of Ghana, 2017), a atual postura sobre bitcoin (e outras criptomoedas) é única entre os países africanos (Ghanaweb.com, 2018).

As declarações de Addison vêm semanas depois de uma recomendação do banco de investimento do Gana, o Grupo Ndoum, sugerir que o Banco de Gana invista 1% de suas reservas em bitcoin.

Banco Central da Índia – RBI

A autoridade monetária da Índia vem se opondo às criptomoedas, sob o argumento de que elas violam às

---

correspondent à aucun sous-jacent économique et ne sont la responsabilité de personne. La Banque de France tient à rappeler que ceux qui investissent en bitcoin le font totalement à leurs risques et périls. Nous avons noté par ailleurs avec intérêt les mesures prises par les autorités chinoises concernant les ICO."

regras de câmbio, e são um canal de lavagem de dinheiro e financiamento do terrorismo.

Assumindo uma posição rígida sobre o assunto, o Reserve Bank of India (RBI) emitiu avisos em 2013 (RBI - Reserve Bank of India, 2013) e 2017 (RBI - Reserve Bank of India, 2017), em que adverte "usuários, proprietários e comerciantes" de que não havia autorizado a nenhuma empresa na Índia a prestar serviços relacionados a criptomoedas.

Banco Central do Japão – BOJ

Apesar do investimento em Bitcoin ser popular no Japão, o Banco Central japonês adota postura cautelosa sobre criptomoedas.

Em seu site oficial, a autoridade monetária japonesa publicou uma página chamada *"Vamos pensar em criptomoedas!"*, direcionada ao público em geral e onde inclui perguntas como, por exemplo, sobre se criptomoedas podem ser consideradas dinheiro, se é possível lucrar com elas e se é provável que eles sejam roubados (Sheridan, 2018).

O presidente do Banco Central japonês (BOJ), Haruhiko Kuroda, já havia expressado apreensão sobre criptomoedas, e os ministros das Finanças e os dirigentes dos bancos centrais integrantes do G20 (Grupo dos 20), na cúpula realizada em março deste ano, manifestaram suas preocupações quanto à possibilidade das criptomoedas desestabilizarem os mercados financeiros (Takeo, 2018).

As Perguntas e Respostas do BOJ, publicadas no início de abril deste ano num site de educação financeira, fornecem uma visão geral básica das criptomoedas.

Na publicação, explica-se como criptomoedas são diferentes das moedas tradicionais, observando que não há banco central para fazer *backup* delas, além de fornecer detalhes de como "não" necessariamente se obtém lucro ao investir nelas.

Também consta do site, respostas para várias questões como, por exemplo quão úteis e lucrativas as moedas virtuais são, como seu valor é determinado, quais os pontos que se deve ter em conta quando se investe em moedas virtuais, dentre outras (The Central Council For Financial Services Information, 2018).

Banco Central do México

O presidente do Banco Central do México, Agustin Carstens, rejeita a classificação legal de "moeda virtual" para o Bitcoin e, em um relatório local disse que o bitcoin deve ser considerado uma commodity. E argumentando que o bitcoin não é apoiado por um governo ou banco central, Carstens afirmou que as criptomoedas não atendem às definições existentes de moeda (Morales, 2017).

Durante uma palestra na Universidade Técnica Mexicana, ITAM, Carstens enfatizou o papel das autoridades, dizendo que:

> "(...) o desenvolvimento tecnológico no sistema financeiro não pode ser o resultado apenas da inovação", mas deve ocorrer em conjunto com a regulamentação das autoridades financeiras.

Banco Central da Nigéria – CBN

O Banco Central da Nigéria, mantendo postura adotada desde 2015 (Perez, 2015), emitiu no começo de 2018 novo comunicado (CBN, 2018) para alertar seus cidadãos e as instituições financeiras nigerianas sobre a falta de segurança das criptomoedas, bem como sobre os possíveis riscos.

O alerta diz, ainda, que as plataformas de negociação de criptomoedas, como NairaEx – corretora de bitcoin baseada na Nigéria – "não são licenciados ou regulados pelo CBN".

O comunicado segue as mensagens anteriores[38] [39] [40] enviadas às instituições financeiras nigerianas no início

---

[38] https://www.cbn.gov.ng/Out/2017/FPRD/AML%20January%202017%20Circular%20to%20FIs%20on%20Virtual%20Currency.pdf
[39] https://www.coindesk.com/nigerias-central-bank-calls-for-bitcoin-regulation/

de 2017, em que a autoridade monetária nigeriana aconselhou os bancos domésticos a se distanciarem das criptomoedas, advertindo para "*não usar, manter ou transacionar de qualquer forma com a tecnologia*".

Importante notar, contudo, que tais alertas ocorrem num momento em que a Nigéria vive crescente interesse pelo mercado de criptomoedas, com aumento do volume de negociação semanal na exchange Localbitcoins de 500% em 2017 (Zhao, 2018).

Banco de Portugal – BdP

Em novembro de 2017, Hélder Rosalino, diretor do banco de Portugal (BdP), ao falar à imprensa portuguesa sobre bitcoin, criptomoedas, e blockchain, ressaltou que, para o Banco Central português:

> "Uma criptomoeda não é uma moeda".

> "Uma criptomoeda não tem o registo do banco central, não é regulada pelo banco central e não gera um direito de crédito".

---

[40] Nigerian Securities and Exchange Commission (SEC): http://sec.gov.ng/public-notice-on-investments-in-cryptocurrencies-and-other-virtual-or-digital-currencies/

Mas Hélder Rosalino reconheceu que:

> "(...) é uma convenção, uma solução informática suportada numa base tecnológica potentíssima, uma rede fantástica, o blockchain, que permite fazer pagamentos sem intermediação. Permite que eu, através de uma moeda virtual, faça transações peer-to-peer, sem intermediação, fora do sistema financeiro. Mas não é uma moeda, por isso olhamos para as criptomoedas com alguma preocupação e alguma cautela, porque, reconhecendo a inovação disruptiva que lhes estão associadas, tem vários riscos". Quais? "Sobretudo a dimensão especulativa" (ECO PT, 2017)

Banco Central do Reino Unido – BOE

O Banco Central do Reino Unido – BOE, Bank of England – tem ciência de que o mundo vive uma potencial "revolução" no mercado financeiro, e enxerga a tecnologia Blockchain – o banco de dados contábil distribuído – como uma grande promessa ao permitir que os bancos centrais fortaleçam suas defesas contra ataques cibernéticos e revejam a forma como os pagamentos são feitos entre instituições e consumidores.

Está longe, no entanto, de criar uma versão digital da libra esterlina.

Quanto às criptomoedas, Mark Carney – presidente do Bank of England – disse que o bitcoin enfrenta uma repressão regulatória e que as criptomoedas estão falhando em cumprir sua função mais básica como moeda.

Ainda, sobre a atual situação das negociações de criptomoedas, com o mercado crescendo rapidamente em exchanges não regulamentadas, Carney disse em discurso proferido no início de março que:

> Embora o bitcoin e outras criptomoedas não pareçam representar riscos materiais para a estabilidade financeira, isso pode vir a mudar no futuro à medida em que mais pessoas comecem a usá-las e, por isso, *"chegou a hora de regular os elementos do ecossistema das criptomoedas para combater atividades ilícitas"*. (The Guardian - International Edition, 2018).

Banco Central da Rússia

O Banco Central da Rússia expressou sua preocupação com os riscos potenciais das criptomoedas, com o presidente Elvira Nabiullina dizendo que "não legalizamos esquemas de pirâmide" e "somos totalmente opostos ao dinheiro privado, não importa se é de forma física ou virtual".

Por enquanto, o Banco da Rússia prefere adiar uma decisão sobre a regulamentação das criptomoedas, a menos que o presidente Vladimir Putin apresente ações antes.

Aqui, vale observar que o presidente do Banco Central da Federação Russa possui posição oposta ao Ministro das Finanças russo que, inclusive, já apresentou uma Lei de Regulação de Ativos Digitais que define e estabelece um sistema regulatório para criptomoedas, ICOs, mineração e comércio.

Autoridade Monetária de Singapura – MAS

Chefe do Banco Central de Singapura (conhecido como MAS, *Monetary Authority of Singapore*), Ravi Menon, não está convencido de que bancos centrais devam criar suas próprias "moedas digitais", e afirmou recentemente que a ambição de Singapura de se tornar um centro de tecnologia global tem seus limites, pois a estabilidade financeira está acima do desenvolvimento económico.

Em entrevista ao Financial Times em seu escritório em Cingapura, Menon disse:

> "O que significa [bancos centrais emissores de moeda digital para o público não bancário]? Isso significa que você e eu teremos depósitos de

> criptomoedas em nuvem com uma chave privada emitida pelo banco central. De quem é a responsabilidade? É responsabilidade do banco central diretamente para o indivíduo. Por que o banco central quer fazer isso? Se houver algum stress nos bancos, você terá uma corrida bancária; todo mundo vai para o banco central [com seus depósitos] . . . E, se as pessoas depositassem seus depósitos nos bancos centrais, quem forneceria o crédito?" (Menon, 2018).

Bem por isso, o banco central de Singapura está avaliando se regulamentações adicionais são necessárias para proteger os investidores em criptomoedas (Reuters, 2018).

Banco Central da Suíça – SNB

Tomaz Jordan, o Presidente do Swiss National Bank – SNB (o Banco Central Suíço), disse que vê as criptomoedas mais como investimento, que como moeda.

Jordan é cauteloso em relação às criptomoedas. E em evento na Basileia, realizado em novembro de 2017, afirmou que:

> "Os bancos centrais estão trabalhando nisso [a questão das

moedas criptográficas] de forma muito intensa".

"Eu olharia para eles mais como um investimento do que como uma moeda.

"É importante dizer que não é questão de tecnologia, mas uma questão de quem tem acesso ao dinheiro do banco central e de que forma. Existem até agora muitas questões não resolvidas".

As criptomoedas podem potencialmente afetar fortemente o sistema financeiro, disse ele, e era muito importante que os bancos centrais analisassem cuidadosamente a questão.

Mais cedo, a Jordan disse que o objetivo da política da autoridade monetária suíça continua a reduzir a pressão sobre o franco suíço e tornar os investimentos em francos menos atraentes, acrescentando que o franco permaneceu "altamente valorizado" apesar do recente enfraquecimento da moeda (REUTERS, 2017).

Banco Central da Turquia

As criptomoedas podem contribuir para a estabilidade financeira se bem projetadas, disse o chefe do Banco Central da Turquia, Murat Cetinkaya, em Istambul, em novembro.

Mas elas trazem novos riscos para os bancos centrais, inclusive para o controle da oferta monetária e da estabilidade de preços, e a transmissão da política monetária, disse Cetinkaya.

Mesmo assim, o chefe do Banco Central turco disse que as criptomoedas podem ser um elemento importante para uma economia *cashless* (sem dinheiro), e as tecnologias podem ajudar a acelerar e tornar os sistemas de pagamento mais eficientes (Lam, 2017).

O Banco Central dos Bancos Centrais – BIS

O BIS - conhecido como o Banco Central dos Bancos Centrais - usou seu relatório trimestral para discutir criptomoedas como Bitcoin e Ethereum.

E alertando que as autoridades monetárias dos países não podem mais ignorar o crescimento das criptomoedas, e provavelmente terão que considerar emitir suas próprias moedas digitais num futuro próximo, sugere que uma opção seria a disponibilização de uma "moeda para o público, com emissão exclusiva de tais unidades pelo banco central", diretamente conversíveis em dinheiro e reservas (Bech & Garratt, 2017).

E ao final do relatório, conclui que os bancos centrais terão que considerar não só as preferências dos consumidores quanto à privacidade e os possíveis ganhos de eficiência - em termos de pagamentos, compensação e liquidação -, mas também os riscos que isso pode implicar para o sistema financeiro e a economia em geral, bem como quaisquer implicações para a política monetária (Bordo & Levin, 2017).

CAPÍTULO 4 | GOVERNOS E CRIPTOMOEDAS

Introdução

As legislações sobre criptomoedas têm oscilado muito de país para país. Mas isso possa mudar com a recente coordenação global entre os membros do Grupo dos 20, como veremos ao final deste tópico.

Agora, veremos um panorama de como os principais governos e autoridades têm se posicionado quanto às criptomoedas.

Alemanha

O ministro das finanças da Alemanha elevou o bitcoin à categoria equivalente de "legal tender" (curso forçado) quando usado como meio de pagamento.

A Alemanha não irá tributar as pessoas por usarem criptomoedas como meio de pagamento (BundesministeriumderFinanzen, 2018).

A orientação[41], publicada em 27/2/2018, separa a Alemanha dos EUA, pois o Internal Revenue Service (Receita Federal Americana) trata bitcoin como propriedade para fins fiscais.

Ora, isto significa que se um americano compra uma carro com bitcoin, é tecnicamente considerado uma venda de propriedade e potencialmente sujeito a imposto sobre ganhos de capital (Higgins, 2017).

Em vez disso, a Alemanha considerará o bitcoin como o equivalente ao curso legal para fins fiscais quando usado como meio de pagamento.

---

[41] No decreto do pedido de imposto de vendas de 1 de outubro de 2010, BStBl I p. 846, mais recentemente pela carta BMF de 7 de fevereiro de 2018 - III C 3 - S 7433/15/10001 (2018/0108025), página BStBl I, no parágrafo 4.8.3, após o parágrafo 3, insere-se o seguinte novo parágrafo 3a: "As moedas virtuais (divisas criptográficas, por exemplo, Bitcoin) são tratadas como uma obrigação legal, na medida em que as chamadas moedas virtuais foram aceitas pelas partes na transação como um meio de pagamento contratual e direto alternativo e não servem para além do uso como meio de pagamento (ver TJCE). Julgamento de 22 de outubro de 2015, C-264/14, Hedqvist, BStBl 2018 II p. Xxx).

O Ministério das Finanças alemão baseou suas orientações sobre uma decisão[42] do Tribunal de Justiça da União Europeia de 2015 sobre impostos sobre o valor acrescentado (IVA).

A decisão do tribunal cria um precedente para as nações da União Europeia tributar o bitcoin, ao mesmo tempo em que fornece isenções para certos tipos de transações.

Notavelmente, o novo documento alemão justificou suas decisões fiscais ao considerar as criptomoedas como um método legal de pagamento, afirmando:

> "As moedas virtuais (criptografia, por exemplo, Bitcoin) tornam-se equivalentes aos meios legais de pagamento, na medida em que as chamadas moedas virtuais das pessoas envolvidas na transação como alternativa contratual e meios

---

[42] Case C-264/14, REQUEST for a preliminary ruling under Article 267 TFEU, from the Högsta förvaltningsdomstolen (Supreme Administrative Court, Sweden), made by decision of 27 May 2014, received at the Court on 2 June 2014, in the proceedings, JUDGMENT OF THE COURT (Fifth Chamber), 22 October 2015, disponível em: http://curia.europa.eu/juris/document/document.jsf;jsessionid=9ea7d2dc30dd46d83cc58ff14e9e9407c3cc52516b72.e34KaxiLc3qMb40Rch0SaxyNb3j0?text=&docid=170305&pageIndex=0&doclang=EN&mode=1st&dir=&occ=first&part=1&cid=662540 , último acesso em 1/3/2018.

de pagamento imediatos foram aceitas".

Para efeitos fiscais, isso significa que a conversão de criptomoedas em moeda fiduciária ou vice-versa é "um benefício diverso tributável". Quando um comprador de bens paga com criptomoedas, um artigo da diretiva IVA da UE será aplicado ao preço do bitcoin no momento da transação, conforme documentado pelo vendedor, de acordo com o documento.

No entanto, de acordo com a decisão da UE, a conduta de converter uma criptomoeda para moeda fiduciária ou vice-versa é classificado como um "*supply of services*" e, portanto, o agente que atuar como intermediário nessa negociação não será tributado.

As taxas de pagamento enviadas para fornecedores de carteiras digitais ou outros serviços também podem ser tributadas de acordo com o documento.

Outros aspectos do ecossistema de criptomoedas não serão tributados. Como por exemplo, os mineradores que recebem recompensas em bloco não serão tributados, pois seus serviços são considerados voluntários, de acordo com o documento.

Da mesma forma, operadores de câmbio que compram ou vendem bitcoin em nome próprio como intermediários receberão uma isenção tributária, embora uma corretora de criptomoedas que opere como uma bolsa de negociação não receberá tal isenção⁴³.

Argentina

Como vimos no Capítulo anterior, o Presidente do Banco Central argentino lidera a iniciativa para a regulação do ecossistema cripto. E como lá mencionamos, isto tem sua razão de ser devido ao forte interesse dos argentinos pelas criptomoedas.

Em 2014, inúmeras publicações ridicularizaram o fracasso da adoção das criptomoedas na América Latina, especificamente na Argentina, como esta matéria veiculada na The Economist:

> ARGENTINA e Bitcoin
>
> (...) Então, quando os entusiastas do Bitcoin alegam que o uso de bitcoin na Argentina está aumentando, isso soa verdadeiro. Quão popular é realmente o Bitcoin no país?

---

[43] Para saber mais sobre o tratamento tributário da compra e venda de bitcoin e outras moedas virtuais, acesse: https://www.scribd.com/document/372651554/2018-02-27-Umsatzsteuerliche-Behandlung-Von-Bitcoin-Und-Anderen-Sog-Virtuellen-Waehrungen#from_embed

CRIPTOMOEDAS NO CENÁRIO INTERNACIONAL

Tatiana Revoredo & Rodrigo Borges

Como o Bitcoin é um sistema descentralizado, medir sua popularidade em qualquer país é difícil. Mas há sinais de que a adoção está de fato em ascensão na Argentina. Cerca de 130 empresas de tijolos e argamassa agora aceitam bitcoin, de acordo com a CoinMap - mais do que em qualquer outro país da América do Sul. (...). E desde o final de maio, os argentinos tiveram acesso a uma corretora local de bitcoins, chamada Bitex.la.

No entanto, o melhor indicador pode ser que o banco central do país parece estar ficando nervoso. (...), o banco disse, não são apoiados pelo governo, e estão sujeitos a flutuações selvagens no preço, entre outros terrores. Ele alertou que "os riscos associados às transações que envolvem a compra ou o uso de moedas virtuais como pagamento são suportados exclusivamente por seus usuários".

E os usuários de Bitcoin na Argentina claramente ainda não são um movimento de massa. Até mesmo a Argentina Bitcoin Foundation diz que as pessoas que detêm a moeda criptografada contam apenas entre 15.000 e 20.000.

Uma razão para a penetração limitada até agora é que **o uso de bitcoin ainda requer um alto nível de habilidades digitais** - que não estão em oferta abundante na Argentina (o país classifica-se regularmente no terço inferior de índices comparando a prontidão digital dos países). Outra é que segurar bitcoins é realmente arriscado: no final de 2013 e início de 2014, o valor em dólares do bitcoin caiu de quase US $ 1.200 para menos de US $ 600 em algumas semanas (a taxa se recuperou um pouco).

Além disso, conseguir o Bitcoin na Argentina não é tão fácil se não houver uma conta bancária no exterior para comprá-los lá. O pool de bitcoins na Argentina é limitado e é improvável que cresça rapidamente. Os negócios locais da Bitcoin, como o BTCTrip e os clientes da BitPagos, vendem os produtos e serviços no exterior, portanto, permita que alguns bitcoins entrem no país. Mas as regras do governo limitam o influxo e a criação de bitcoin: as transferências internacionais de dinheiro, que poderiam ser usadas para comprar bitcoin no exterior, são restritas, assim como a importação de computadores para "minerar" o bitcoin (que é como eles são emitidos).

Os entusiastas do Bitcoin têm grandes esperanças de que a Argentina se torne a vitrine de sua moeda. Mas neste momento o país é mais um exemplo de quão longe o Bitcoin ainda tem que ir para se tornar uma moeda que pode competir com os já estabelecidos. Dito isso, se o Bitcoin continuar melhorando (melhor facilidade de uso, menos volatilidade e mais liquidez) e a política monetária da Argentina não, o país poderá um dia tornar-se um foco para a criptomoeda ou suas alternativas digitais. (The Economist, "Argentina e-Bitcoin: If it can make it there.", publicado em 12/6/2014)

No entanto, os que duvidaram da capacidade das criptomoedas conquistarem seu lugar no sol na Argentina estavam errados (Thomson, 2018).

A instabilidade financeira e inflação (que hoje gira em torno de 30%) têm impulsionado os argentinos numa corrida para o mundo das criptomoedas.

Em todo o país, há um número crescente de caixas eletrônicos que permitem saques em criptomoedas.

Os cursos sobre criptomoedas têm crescido no país e a adoção às criptomoedas está avançando muito além do que se esperava.

O Banco Masvendas abriu uma casa de câmbio baseada em criptomoedas, onde os clientes podem se beneficiar de taxas reduzidas, em comparação com os pagamentos internacionais via SWIFT, com a possibilidade de converter seus fundos em Bitcoin, para depois convertê-los novamente na moeda escolhida pelo usuário.

Medidas como essa podem estimular a adoção das criptomoedas na Argentina, em contrapartida ao peso argentino, que continua desvalorizando (Thomson, 2018).

Austrália

Em 1º de julho de 2017, a Austrália reconheceu oficialmente o Bitcoin e outras criptomoedas "como dinheiro" e que a partir de então estaria afastada a dupla tributação.

Também, em seu resumo orçamentário para 2017-18, o governo australiano afirma que:

> "O governo tornará mais fácil para as novas empresas de moeda digital operarem na Austrália". (...) "A partir

de 1º de julho de 2017, as compras de moeda digital não estarão mais sujeitas ao GST, permitindo que as moedas digitais sejam tratadas como dinheiro para fins de tributação. Atualmente, os consumidores que usam moedas digitais estão sujeitos a dupla tributação: uma vez na compra da moeda digital e mais uma vez em seu uso na troca por outros bens e serviços sujeitos ao GST." (Government of Australia, 2017).

Com o objetivo de fortalecer a indústria de criptomoedas e acabar com a atividade criminosa, a Austrália acaba de aprovar uma lei que trouxe regulamentação adicional ao ecossistema das criptomoedas, exigindo que prestadores de serviço adotem as novas diretrizes introduzidas pelo AUSTRAC, Centro Australiano de Relatórios e Análises de Transações (Australian Government - AUSTRAC, 2018).

A nova regulamentação é bem parecida com a maneira como a FSA (Financial Services Agencie) do Japão se aproxima do setor de criptomoedas (The Straits Times, 2018).

Quem não se registrar na AUSTRAC, estará violando o novo regulamento, e as empresas têm de observar às exigências governamentais de AML e CTF (siglas em inglês para combate à lavagem de dinheiro e ao financiamento do terrorismo), o que também inclui relatar atividades estranhas ocorrendo em suas respectivas plataformas.

A agência reguladora australiana busca com a nova legislação melhor compreender como criptomoedas têm sido usadas na Austrália, adotando um posicionamento aberto, com diretrizes de tributação adequadas para ativos digitais (Buntinx, 2018).

Brasil

O Brasil possui instituições bem estruturadas, como a Receita Federal, o Conselho de Controle de Atividades Financeiras (COAF) e o Banco Central.

Essas agências regulam e auditam ativos e serviços similares, como moeda nacional, sua custódia e transações.

No entanto, eles supervisionam as moedas emitidas pelos estados, e não ativos de natureza híbrida privada e já inspecionados pelos próprios usuários do sistema (Revoredo, 2017).

Receita Federal do Brasil

Os detentores de criptomoedas possuem muitas dúvidas envolvendo a tributação das moedas virtuais. Neste tópico, trataremos das questões mais comuns sobre o assunto.

A Declaração de imposto de renda e as criptomoedas

O Manual das Perguntas e Respostas sobre a Declaração do IRPF de 2017, lançado todos os anos pela Receita

Federal, trata diretamente sobre o tema em seu tópico 447 ao esclarecer que:

> "Moedas virtuais (bitcoins, por exemplo), muito embora não sejam consideradas como moedas nos termos do marco regulatório atual, devem ser declaradas na ficha "Bens e Direitos" como "outros bens", uma vez que podem ser equiparadas a ativos financeiros. Elas devem ser declaradas no valor da aquisição."

Aqui, importante mencionar que sequer é possível dizer que a classificação como ativo é resultante de previsão normativa: trata-se, apenas, de orientação da Receita nas Perguntas e Respostas da Declaração do Imposto de Renda das Pessoas Físicas (pergunta nº 447).

Ora, em direito tributário vige o princípio da estrita legalidade (ou tipicidade), pelo qual impossível a exigência de tributo do contribuinte, sem expressa disposição legal quanto a sua criação e elementos de incidência. Os limites do poder de tributar (dados pelos princípios tributários elencados na Constituição) devem ser observados sob pena de inconstitucionalidade da cobrança.

Dito de outro modo, o princípio da legalidade visa proteger o contribuinte que não poderá ser obrigado a fazer ou deixar de fazer alguma coisa senão em virtude de lei, ele impede abusos por parte das autoridades e uma possível discricionariedade na cobrança dos tributos

Daí porque, sem um posicionamento definitivo da Receita sobre a natureza das criptomoedas, nem lei específica prevendo sua tributação, há quem defenda que a mera propriedade de bitcoins não deve ser declarada, devendo este "ativo" ser classificado como meio de pagamento (fundada em um protocolo de código aberto autônomo), e não como um bem (já que não existe um marco regulatório sobre o assunto ou legislação nacional que equipare criptomoedas a bens).

No **Japão**, por exemplo, onde as discussões tecnológicas são mais avançadas e o Congresso Nacional - National Diet - já reconheceu as moedas virtuais como meios de pagamento legais, ainda há a debate sobre a natureza de bem das criptomoedas, uma vez que o seu reconhecimento apenas como meio de pagamento afeta bastante a possibilidade de arrecadação sobre seus ganhos financeiros.

Conclui-se, assim, que o legislador brasileiro não definiu o que é bitcoin ou qualquer "criptoativo" como moeda, limitando-se a Receita Federal do Brasil a emitir orientação (nas Perguntas e Respostas do IRPF de 2017) de que estão sujeitas à tributação e como deve ser feita a declaração e eventual recolhimento de imposto.

Importante notar que conceituar criptomoedas como moeda tem implicações. Dizer oficialmente que não é moeda, também traz consequências legais, como por exemplo, não se poderia tributar ganho de capital decorrente de operações com criptomoedas.

O que é preciso saber sobre eventual omissão das criptomoedas na declaração de imposto de renda

É aconselhável que os detentores de criptomoedas estejam cientes dos riscos e possíveis consequências administrativas, civis, penais e tributárias, ao não declarar tais bens e valores à Receita Federal.

Se o ganho de capital não declarado for verificado pela Receita Federal, existe o risco, por exemplo, do contribuinte cair na *"malha fina"* da Receita Federal, sendo "convidado" recolher os tributos devidos com juros e multas.

E ainda que o fisco não descubra a omissão do lucro obtido pelo contribuinte, com a compra e venda de criptomoedas, o detentor de criptomoedas pode ter dificuldades de explicar os acréscimos patrimoniais decorrentes das criptomoedas no futuro.

Por isso, a decisão de não declarar criptomoedas por quem é autônomo / minerador/ etc. e, portanto, não tem salário declarado em holerite, ou ainda, porque recebe comissão "por fora", traz riscos que devem ser conhecidos pelos detentores de criptomoedas.

A tributação do aumento patrimonial obtido com criptomoedas, e proveniente de atividades ilícitas

A "origem" dos ganhos obtidos com criptomoedas, seja resultado de atividade lícita, ou ilícita, não tem relevância para o Direito Tributário.

Isso se dá em razão da máxima *"pecunia non olet"*, isto é, "dinheiro não tem cheiro", segundo a qual a origem do valor econômico não importa, sendo suficiente que o aumento de patrimônio exista para que haja a incidência de tributo.

O princípio da isonomia também reforça essa explicação, pois não seria razoável que se cobrasse tributo sobre os ganhos lícitos, e não dos ilícitos. Por conta disso, também é passível de tributação, por exemplo, o ganho em criptomoedas de um *hacker* do *Wanna Cry* (o maior cyber ataque da história).

No Brasil, a Constituição brasileira e nosso Código Tributário determinam que incide imposto de renda sobre a aquisição de renda, compreendida de forma simplificada como acréscimo patrimonial observado como o produto do capital, do trabalho ou da combinação de ambos, ou, ainda, de proventos de qualquer natureza.

Logo, as operações envolvendo criptomoedas, que gerem acréscimo patrimonial, são passíveis de imposto de renda, ainda que esse aumento de patrimônio seja fruto, por exemplo, do recebimento de bitcoins por práticas delituosas, como lavagem de dinheiro, compra de drogas, armas, etc., na internet.

Qual valor devo declarar no Imposto de Renda, já que não existe cotação oficial para tal moeda? E como tais bens serão tributados?

Como não há órgão de controle para tais moedas e suas cotações, o próprio contribuinte deverá declarar seus valores, para conversão com fins tributários.

Tal declaração, contudo, não deve ser aleatória, devendo se basear no valor de aquisição das moedas e nos documentos que o contribuinte porventura possua para comprovar sua aquisição, como os extratos/históricos de movimentação dos sites onde as moedas foram adquiridas. Isso porque, caso caia na malha fina, o contribuinte terá como comprovar o valor dos bens declarados.

A tributação dos ganhos obtidos com a alienação de criptomoedas

Segundo a própria Receita Federal (tópico 607 do Documento de Perguntas e Respostas):

> "Os ganhos obtidos com a alienação de moedas virtuais (bitcoins, por exemplo) cujo total alienado no mês seja superior a R$ 35.000,00 são tributados, a título de ganho de capital, à alíquota de 15%, e o recolhimento do imposto sobre a renda deve ser feito até o último dia útil do mês seguinte ao da transação".

Para isso, o contribuinte deve informar no GCAP o custo de aquisição e o valor de venda. O pagamento do DARF é até o final do mês subsequente.

A operação conhecida como *"day trade"* e a alíquota aplicada

No caso de operação conhecida como **day trade**, não se aplica a alíquota de 20% sobre o lucro líquido, mas 15% sobre o ganho de capital acima de R$35k/mês.

Isto porque, essa regra só se aplica a ações, e o ganho de capital de criptomoedas equivale a de bens ordinários. Desse modo, seria o mesmo que abater ganho de capital de um carro, por exemplo (quando o preço de venda de um carro é inferior ao seu preço de compra).

A possibilidade, ou não, do abatimento de prejuízos passados, ao calcular o imposto devido

Pelo mesmo motivo, não é permitido abater prejuízos passados ao calcular o imposto devido.

Saques de criptomoedas no exterior em "moeda fiat" e a incidência de eventual tributação

Ainda, imagine a hipótese dos que em viagem no exterior sacam bitcoins em dólar. O imposto também é devido neste caso. Isto porque, o tributo é devido no país onde o contribuinte reside por 183 dias ou mais no ano, exceto em acordos que evitam bitributação. Renda é renda e o governo alivia.

Mineração, pagamento de bens e serviços com criptomoedas e demais situações com potencial tributação

Outras situações que resultariam na potencial tributação, como o pagamento de bens e serviços com criptomoedas ou mesmo a atividade de mineração, ficaram ao largo da regulamentação.

Isto porque, tais situações (hipóteses de incidência tributária) sequer constam da orientação da Receita Federal nas Perguntas e Respostas da Declaração do Imposto de Renda das Pessoas Físicas (pergunta nº 447) e, como já discutido em tópico acima, necessária previsão legal estrita para tributação de fato gerador de incidência tributária.

Sobre a compra e venda de criptomoedas deve incidir o Imposto Sobre Operações Financeiras (IOF)? E o ICMS?

Durante o XXI Simpósio de Direito Tributário do Instituto de Estudos Tributários (IET), entre 30 e 31 de novembro em Porto Alegre (RS), a procuradora Melissa Guimarães Castello, da Procuradoria-Geral do Estado do Rio Grande do Sul, pontou seu posicionamento de que bitcoin é uma moeda, atraindo, em alguns casos, a tributação.

E na ocasião, Castello citou:

> "(...) na Suécia há um caso de uma pessoa física que fez uma consulta ao Estado sobre a tributação de sua corretora, que atuava na compra e venda de bitcoins. Para a procuradora, caso isso ocorra no Brasil, deverá ser cobrado o **IOF**.
>
> "Deve ser dado o mesmo tratamento de operações com

moeda estrangeira", afirmou Castello.

Já nos casos de operações com pagamentos em bitcoins, para a procuradora, deve ser recolhido o **ICMS**."

Incidência de tributos municipais (ISS e ITCMD) em fatos geradores envolvendo criptomoedas é possível?

Há quem defenda a incidência de ITCD (imposto sobre transmissão causa mortis e doação de quaisquer bens ou direitos), em caso de doação das criptomoedas e, em caso de transmissão por inventário em razão do falecimento dos proprietários das criptomoedas.

Assim como, outros defendem a incidência de ISSQN (Impostos sobre serviços de qualquer natureza), em caso de pagamento de prestação de serviço com criptomoedas. Imagine, por exemplo, o pagamento de uma palestra com bitcoins, ou ainda, o pagamento de uma lavagem de carro com Dash.

Contudo, como já pontuamos acima, essas são análises preliminares, pois, como visto, o tema é bastante controverso diante do princípio da estrita legalidade tributária.

Cabe, portanto, acompanhar as discussões regulatórias, que ganham cada vez mais espaço no cenário mundial, para entender como se dará a tributação das criptomoedas.

Tatiana Revoredo & Rodrigo Borges

Comissão de Valores Mobiliários – CVM

A CVM possui competência, tão-somente, para analisar o uso das criptomoedas como investimento *indireto*.

Importante destacar, desde já, que a CVM não autoriza, nem proíbe o investimento *"direto"* em criptomoedas, eis que não possui competência para tal.

Por isso, a CVM tem se limitado apenas a responder a consultas e analisar a inclusão das criptomoedas nas carteiras de ativos de fundos de investimento regulados pela autarquia.

Selecionamos a seguir, a título de exemplo, alguns posicionamentos da CVM sobre o assunto.

O Colegiado da Comissão de Valores Mobiliários (CVM), ao analisar o caso do "Grupo de Investimento Bitcoin", determinou em 24/07/2012 a imediata suspensão da veiculação no Brasil de qualquer oferta de investimento em fundo de investimento ou em qualquer outro valor mobiliário. Na ocasião, ficou estabelecido que:

> "(...) por meio da Deliberação CVM nº 680/12, que não está autorizado pela Autarquia a exercer quaisquer atividades no mercado de valores mobiliários e que, por não preencher os requisitos previstos na regulamentação da CVM, não pode ofertar publicamente, constituir, nem administrar fundo de

> investimento ou qualquer outro tipo de investimento em valores mobiliários.
>
> A oferta pública de fundos de investimento só pode ser realizada por entidades integrantes do sistema de distribuição de valores mobiliários. Da mesma forma, a administração profissional de carteira de valores mobiliários requer a prévia autorização da CVM.

Na ocasião, autarquia constatou que um indivíduo, por meio do "Grupo de Investimento Bitcoin", vinha utilizando um endereço na Internet para ofertar publicamente aplicação em fundos de investimento e outros veículos de investimento.

Como essa pessoa não se encontrava registrado na CVM à época, na qualidade de administrador de carteira de valores mobiliários, nem integra o sistema de distribuição de valores mobiliários, a determinação tinha o objetivo de suspender essa atuação e alertar ao mercado quanto à oferta irregular. Para o descumprimento desta determinação, fixou-se multa diária no valor de R$ 5 mil, sem prejuízo da responsabilidade pelas infrações já cometidas (Notícias CVM, de 25/7/2012).

Quanto à oferta irregular de cotas de mineração de Bitcoin, em 19/12/2017, a Comissão de Valores Mobiliários (CVM) soltou nota em que afirma ter identificado que a empresa "Hashcoin Brasil" estaria ofertando publicamente, por meio do site **https://www.hashcoinbrasil.com.br/**, títulos ou contratos de investimento coletivo relacionados à oportunidade de investimento em cotas de grupo de investimento em mineração de Bitcoin, sem registro de emissor de valores mobiliários. Também foi verificada realização de oferta pública sem registro (ou dispensa deste) na CVM.

Dessa forma, a Autarquia determinou, por meio da Deliberação CVM 785, a imediata suspensão de qualquer oferta de títulos ou contratos de investimento coletivos relacionados ao referido empreendimento.

Em janeiro de 2018, a Superintendência de Relações com Investidores Institucionais da Comissão de Valores Mobiliários (CVM) publicou o Ofício Circular nº 1/2018/CVM/SIN, onde afirma que as criptomoedas não poderiam ser qualificadas como "ativos financeiros"[44]. Em linhas gerais, a CVM justificou seu posicionamento à época devido à falta de certeza quanto à natureza jurídica e econômica dessas criptomoedas, os riscos como os de segurança cibernética, de custódia e de aquisição e negociação. Do texto publicado, pode-se concluir que a CVM estaria inclinada a proibir o investimento direto de fundos em criptomoedas.

---

[44] nos termos do artigo 2º, item V, da Instrução nº 555, editada pela CVM em 17/12/2014

CRIPTOMOEDAS NO CENÁRIO INTERNACIONAL

Tatiana Revoredo & Rodrigo Borges

Recentemente, contudo, a Comissão de Valores Mobiliários (CVM) surpreendeu todo o mercado ao publicar o Ofício Circular n 11/2018. Isto porque, adotando posição diferente do sinalizado anteriormente, apontou a Instrução nº 555 que, ao tratar de investimentos no exterior, não vedaria o investimento indireto em criptoativos.

De acordo com este último Ofício Circular, a autarquia esclarece que são permitidos investimentos indiretos em criptoativos por meio da aquisição de cotas de fundos e derivativos, por exemplo, em outras jurisdições, desde que tais ativos sejam admitidos e regulamentados naqueles mercados.

Seguindo a linha de outros países, a CVM ressaltou sua preocupação em relação à utilização de criptoativos para atos ilícitos, sobretudo lavagem de dinheiro, destacando a obrigação dos gestores de analisar se a estrutura escolhida é capaz de atender aos requisitos legais e regulamentares.

Ainda, a CVM sugere aos gestores que analisem os investimentos com cautela, principalmente nos casos de emissão de criptoativos (ICO), sugerindo os seguintes pontos de atenção aos gestores para evitar ofertas fraudulentas: (i) se o software base é livre e de código fonte aberto (free open source software) ou fechado; (ii) se a tecnologia é pública, transparente, acessível e verificável por qualquer usuário; (iii) se há arranjos que suscitem conflitos de interesse ou a concentração de poderes excessivos no emissor ou promotor do criptoativo3, ou o uso de técnicas agressivas de venda, (iv) a liquidez de negociação do criptoativo, (v) a natureza da rede, dos protocolos de consenso e validação, e do software utilizados, ou (vi) o perfil do time de desenvolvedores, bem como seu grau de envolvimento com o projeto.

Por fim, o ofício alerta aos gestores a observarem as regras de governança dos criptoativos, incluindo aquelas que possibilitem *forks* e *airdrops,* ressaltando as dificuldades estruturais de precificação dessa modalidade de ativos (Borges, 2018).

Conselho de Controle de Atividades Financeiras – COAF

O Conselho de Controle de Atividades Financeiras (COAF), agência governamental líder no combate à lavagem de dinheiro no Brasil, se posicionou a favor da regulação das criptomoedas.

Isso se deu na terceira audiência pública sobre o projeto de lei nº 2303/2015, na Câmara dos Deputados, em 17 de setembro de 2017 (Revoredo, 2017).

Criptomoedas e o tratamento legal pretendido pelo Congresso Brasileiro - O Projeto de Lei Nº 2.303 / 2015

Uma Comissão Especial da Câmara dos Deputados do Brasil vem discutindo a regulamentação referente às criptomoedas.

O Projeto de Lei № 2.303 / 2015, cujo autor é o Deputado Federal Sr. Áureo Ribeiro, pretende incluir moedas virtuais, bem como programas de milhagem na definição de modalidades de pagamentos, sob a supervisão do BACEN, sob a justificativa de que regulamentação é necessária devido aos riscos das criptomoedas tornarem-se uma alternativa monetária ao tráfico de drogas e à lavagem de dinheiro.

O congressista Sr. Expedito Neto apresentou um relatório substituto ao relatório do relator que pretende criminalizar as criptomoedas.

Como outro Deputado Federal, o Sr. Thiago Peixoto, defende que as criptomoedas devem ser reguladas considerando também os possíveis benefícios dessas tecnologias para o Brasil, ele apresentou uma terceira proposta de relatório sobre o assunto.

Desde 2015, vêm sendo realizadas audiências públicas para debater este projeto de lei.

Em 2017, ocorreram audiências públicas importantes, como as ocorridas em 5 de julho de 2017, com a presença de Fernando Ulrich, economista especializado em Bitcoin, Marcelo Miranda, diretor executivo da corretora brasileira FlowBTC e Lázaro Jung Martins., subsecretário de Fiscalização da Receita Federal.

Também é importante mencionar a audiência realizada em 30 de agosto de 2017, que contou com a presença do Conselheiro do Departamento de Regulação do Sistema Financeiro do Banco Central do Brasil, Sr. Madilson Fernandes Queiroz.

CRIPTOMOEDAS NO CENÁRIO INTERNACIONAL
Tatiana Revoredo & Rodrigo Borges

A advogada Helena Margarido, especialista em criptomoedas e blockchain; o professor de Ciência da Computação, João Gondim, da Universidade de Brasília; o corretor brasileiro Sr. Bernardo Faria, sócio proprietário da Foxbit, e a Sra. Taynaah Reis, co-fundadora do Coin Project, também estiveram presentes. (Revoredo, 2017).

Em 13 de setembro de 2017, houve outra importante audiência pública com a presença do Diretor de Inteligência Financeira do Conselho de Controle de Atividades Financeiras ("COAF"), do representante da Comissão de Valores Mobiliários ("CVM"), e do representante da corretora de criptomoedas CoinBr.

Ao longo dos debates, as autoridades públicas brasileiras referiram-se principalmente ao uso do protocolo das criptomoedas - em particular, do Bitcoin - como sistema de pagamento, para transferência de valores, ou para investimento real. Eles se concentraram em três pontos de atenção decorrentes dessa tecnologia.:

> a) O risco sistêmico - uma eventual falha do *software*, que pode afetar negativamente a confiança, pode ser mitigada por ser um *software* livre e aberto, que está sendo continuamente auditado e aprimorado;
>
> b) Risco de mercado - para aqueles que usam bitcoin, como meio de transferência de valor ou investimento, não há garantia sobre o preço do bitcoin, eis que sua

negociação no mercado é absolutamente livre.

c) Risco de usabilidade - há muitos boatos sobre usuários que perderam seus bitcoins por não realizarem backup das senhas, ou por simplesmente esquecê-las. (Ulrich, 2017)

Ao discutir o Projeto de Lei 2303/2015, deve-se ter em mente a ideia subjacente à primeira criptomoeda, Bitcoin (ou "moeda web" ou "moeda da Internet", como alguns preferem), e a tecnologia Blockchain (sua arquitetura descentralizada em uma rede peer-to-peer).

"**As criptomoedas e estruturas de blockchain vão muito além de um simples meio de pagamento.** Isso porque eles vieram para resolver algo muito mais proeminente, os problemas sobre o atual método centralizado de transferência e intermediação financeira (custos de intermediação, privacidade, segurança, gastos duplos, entre outros) e os obstáculos relacionados a cada modelo baseado na confiança.

A dimensão das mudanças provocadas pelas criptomoedas ainda está longe de ser totalmente desvelada.

> A variedade de usos possíveis aumenta a cada dia. É por isso que é imprudente uma proposta legal que pretende regular o mercado de criptomoedas com as mesmas medidas aplicadas aos meios de pagamento. (Revoredo, 2017)

Canadá

Canadá está se preparando para regular e se tornar um centro global da indústria de criptomoedas.

Emendas à Lei de Processamento de Crimes (Lavagem de Dinheiro) e Financiamento do Terrorismo (PCMLTF), aprovadas em 2014, mas ainda não em vigor, exigirão que corretoras de criptomoedas se registrem na unidade federal de inteligência financeira (FINTRAC).

Também será exigido que as bolsas de negociação de criptomoedas implementem um regime de *compliance*[45] antibranqueamento de capitais.

Ainda, as instituições financeiras serão proibidos de prestar serviços a empresas não registradas com o FINTRAC também (Faife, 2018).

---

[45] Compliance é agir em sintonia com as regras nos controles internos e externos do negócio.

China

A China está preparada para aumentar as proibições destinadas às corretoras de criptomoedas e às ofertas iniciais de moedas (ICOs) (Jia, 2018), intensificando o monitoramento das contas de criptomoedas, bem como a supervisão dos fluxos de moedas estrangeiras nas ICOs (Reuters, 2018). Tais medidas objetivam acabar com todo o comércio de criptomoedas no país.

Conquanto o governo da China pretenda com repressão, diminuir a participação chinesa nos mercados de criptomoedas, esta postura intolerante não obteve o efeito esperado pelas autoridades chinesas.

Em setembro de 2017, o governo chinês, o Banco Popular da China (PBoC) e os reguladores financeiros locais impuseram uma proibição nacional às corretoras de criptomoedas e às ICOs (*Initial Coin Offering*), algo semelhante ao IPO nas bolsas de valores (BBC, 2017).

O mercado cambial global de criptomoedas, no entanto, se reestruturou enquanto a maioria dos volumes negociados na China e novas propostas de ICOs mudaram para mercados vizinhos (como o Japão, por exemplo), com ecossistemas eficientes e bem regulamentados, se comparados à China. Isso sem mencionar o aumento significativo dos volumes de negociação dos mercados *Over-the-Counter* (OTC) e das plataformas de negociação *peer-to-peer* (P2P).

Agora, os chineses negociam criptomoedas e trocam o *yuan* chinês sem o controle e a supervisão das autoridades locais.

Para entender o mercado de criptomoedas chinês, é interessante a leitura do artigo publicado na seção Mercados do site *Business Insider*, em 16/9/2017, de autoria de Tama Churchouse, cujo título traduzido seria *"A repressão da China não vai matar Criptomoedas – mas terá um impacto"*.

Como podemos extrair do caso chinês, a elaboração de uma nova regulação de tecnologias ainda em construção, aplicando quadros legais inadequados a eles, realmente se mostra ineficaz (Revoredo, 2018).

Dinamarca

Em 2014, o governo da Dinamarca afirmou que o bitcoin não era dinheiro no verdadeiro sentido da palavra, pois não é apoiado por uma instituição emissora (Hajdarbegovic, 2014).

O diretor da Autoridade Supervisora Financeira da Dinamarca (*Finanstilsynets direktør*), Jesper Berg, ressaltou no final de 2017 que pode haver a necessidade de se estabelecer regras para criptomoedas se sua popularidade aumentar no país.

Berg afirma que hoje, praticamente não há regras para o novo fenômeno que, de outra forma, acontece em mercados financeiros conhecidos, com ações e títulos. E completa:

> "Se de repente as pessoas realmente começarem a se mudar para esse universo, então devemos também

começar a pensar sobre como as regulamos, então não está dando errado para elas"[46] (DR, 2017).

Espanha

Enquanto outros países buscam regulamentar de maneira mais rigorosa, a Espanha parece ter decidido propor uma legislação favorável às criptomoedas.

Teodoro Garcia Egea, o legislador que está preparando o projeto de lei espanhol sobre o tema, acredita que é do interesse do país europeu dar boas-vindas às empresas de blockchain e criptomoedas. E justifica tal posicionamento porque a nova tecnologia poderia impulsionar a inovação em finanças, saúde e educação.

Por isso, Egea espera ter a legislação pronta ainda este ano. Disse, ainda, ter como objetivo tornar a Espanha um lugar seguro e amigável para se investir em criptomoedas, possibilitando que investimentos em criptomoeda abaixo de um certo valor não precisem ser informados às autoridades espanholas, enquanto ainda fornece um ambiente regulatório eficaz.

---

[46] Tradução livre de: "Hvis det pludselig er sådan at folk for alvor begynder at bevæge sig ud i det univers, så må vi også begynde at tænke på, hvordan regulerer vi det, sådan at det ikke går alt for galt for dem"

E explica Garcia Egea:

> "Queremos criar o quadro legal mais seguro da Europa para investir em ICOs" (Duarte, 2018).

Paralelamente a isto, o Partido do Povo planeja convidar especialistas em blockchain para testemunhar no parlamento espanhol (James, 2018), o que reforça a percepção de que a Espanha pretende ingressar com força na corrida pela inovação, seguindo os exemplos da Suíça e dos Estados americanos do Arizona, Tennessee, Colorado e Wyoming.

Estados Unidos

As leis, promulgadas pelo legislativo, são o ponto de partida para a maioria dos regimes regulatórios estabelecidos pelo governo e, nos Estados Unidos não é diferente.

Em território americano, a maioria dos regulamentos relacionados a finanças, está sob supervisão de um órgão regulador, como a SEC (órgão responsável pelo mercado de capitais) ou o Federal Reserve (autoridade monetária dos EUA), que possuem o poder de criar regras específicas para implementar as leis gerais aprovadas pelo Congresso americano.

Tais reguladores são também responsáveis pelos registros, licenças, inspeções, certificações e outras atividades de supervisão nos Estados Unidos.

E quando eventuais leis civis ou criminais são violadas, o Departamento de Justiça também pode ajudar na aplicação da lei (Goodenough, Shrier, Hardjono, & Pentland, 2016, p. 160).

Como nos EUA, Estados e territórios também possuem poder legislativo, vamos analisar abaixo iniciativas legisltivas importantes de alguns Estados americanos.

Nova Iorque e a BitLicense

Introdução

O termo "BitLicense"[47] entrou oficialmente no dicionário da terminologia das criptomoedas quando o Departamento de Serviços Financeiros do Estado de Nova York (NYDFS) emitiu regras para disciplinar o dinheiro eletrônico distribuído, como o bitcoin.

O Estado de Nova York só permite a negociação de criptomoedas por corretoras que obtenham uma licença denominada "BitLicense" (que traduzido livremente equivaleria a uma "Licença de Crédito"), emitida pelo Departamento de Serviços Financeiros do Estado de Nova York, o NYSDFS.

---

[47] http://www.dfs.ny.gov/legal/regulations/bitlicense_reg_framework.htm

Como a indústria possui um nível de entrada muito alto, há 15 regulamentos detalhados que exigem uma certa quantia de capital e relatórios financeiros trimestrais.

Bem por isso, apenas três a quatro tipos de criptomoedas são autorizadas.

BitLicense

Desde meados de 2015, empresas que negociam Bitcoin e outras criptomoedas precisam obter uma licença para operar no Estado de Nova York.

Antes de deixar o cargo de chefe do DFS[48] (Departamento de Serviços Financeiros de Nova York), Lawsky divulgou as regras que deveriam ser observadas pelas corretoras de bitcoin para obter a "BitLicense", uma "licença" para operar no Estado.

Como chefe da DFS, Lawsky assumiu a missão de regular as criptomoedas que, na época, foram utilizadas para compra de drogas e outras atividades ilegais no *Silk Road* (em português, Rota da Seda).

O documento de 44 páginas (Department Of Financial Services - New York State, 2015) determina que:

---

[48] A DFS, "*Department of Financial Services*", tem supervisão regulatória sobre dezenas de bancos e seguradoras licenciados em Nova York, incluindo a Goldman Sachs, a MetLife e a Barclays

> "Nenhuma pessoa deve, sem uma licença obtida do superintendente, se envolver em qualquer atividade comercial em moeda virtual"[49].

Para se obter uma licença para operar em Nova York, é necessário a designação de um responsável pela *compliance*[50], a fim de garantir que a empresa esteja em conformidade com as regras do BitLicense e todas as outras leis federais e estaduais aplicáveis ao Bitcoin, como normas de transferência de dinheiro, leis de combate à lavagem de capitais.

A exigência da BitLicense é bastante controversa, e gera críticas por quem vê em suas regras o aumento de custos e restrição à inovação, além de colocar instituições já estabelecidas (instituições financeiras, por exemplo) em situação de vantagem em relação aos novos *players* (Whitehouse, 2015).

---

[49] Tradução literal de: "No person shall, without a license obtained from the superintendent as provided in this part, engage in any virtual currency business activity."

[50] Idem nota 38

Wyoming

Com o intuito de manter a inovação tecnológica no Estado, os legisladores estaduais de Wyoming buscam torna-la a capital das criptomoedas dos EUA.

Para tanto, quatro projetos de lei podem transformar Wyoming no lugar ideal para criptomoedas e as startups de Blockchain.

Dentre estes projetos, dois deles (o House Bill n.º 0019 e 0070) têm impacto significativo para o setor de criptomoedas.

O *House Bill 0070*[51] isenta as exchanges de criptomoedas de serem legalmente considerados corretoras de mercado de capitais ou revendedoras. Também, isenta as ofertas iniciais de moedas (ICOs) emitidos em um blockchain público de seguir as leis de valores mobiliários do Wyoming, desde que o token não tenha sido tenha comercializado como investimento e possa ser trocado por bens ou serviços.

Já o *House Bill 0019*[52] busca isentar as criptomoedas das leis de remessa de dinheiro do Estado, o que se mostrou

---

[51] House Bill 0070, disponível na integra no: http://legisweb.state.wy.us/2018/introduced/hb0070.pdf . Último acesso em 1º de maio de 2018.

[52] Projeto de Lei denominado *House of Bill 0019*, do Estado do Wyoming, disponível em: http://legisweb.state.wy.us/2018/Introduced/HB0019.pdf . Último acesso em 1º de maio de 2018.

problemático quando a corretora de criptomoedas Coinbase abandonou o Estado (Zima, 2018).

Ambos os projetos de lei 0070 e 0019 passaram com sucesso na votação da Comissão e estavam em vias de serem votados pelo plenário do Legislativo de Wyoming no fechamento da edição deste livro (Long C., 2018).

Wyoming é um dos melhores lugares nos EUA para se fazer negócios. Entre os custos iniciais baixos, o sistema tributário mais favorável aos negócios e os legisladores que estão focados em apoiar e fomentar o crescimento de negócios focados em tecnologias inovadoras como criptomoedas e blockchain (Zima, 2018).

Internal Revenue Service (IRS)

Desde 2014, a Receita Federal dos EUA (IRS –*Internal Revenue Service*) considera o bitcoin (e outras criptomoedas) como uma espécie de propriedade para fins fiscais, de modo que qualquer lucro obtido com a negociação de criptomoedas pode caracterizar ganho de capital e estar sujeito à incidência de imposto de renda[53].

---

[53] Higgins, Stan em: "US Lawmakers Seek Tax Exemption for Bitcoin Transactions Below $600", published at September 7, 2017, disponível em: https://www.coindesk.com/us-lawmakers-seek-tax-exemption-bitcoin-transactions-600/

Diante do posicionamento do IRS, Jared Polis e David Schweikert (que co-lideram o Caucus do Blockchain do Congresso), esperam aliviar alguns dos problemas resultantes dessa decisão com o Projeto de Lei da **Equidade Fiscal em Criptografia**[54] (Schweikert & Polis, 2017).

Se aprovado, o texto legal criaria uma isenção mínima para pagamentos em criptomoedas abaixo de USD $600 (seiscentos dólares), e as transações envolvendo criptomoedas abaixo do limite legal não implicariam em ganhos de capital para fins de tributação (Higgins, 2017). Como diz o texto de lei:

> "A receita bruta não deve incluir o ganho da venda ou troca de moeda virtual por 5, exceto dinheiro ou equivalentes de caixa .... [se o valor do ganho excluído do lucro bruto de acordo com a subsecção (a) em relação a uma venda ou troca não deve exceder $ 600. "[55]

---

[54] Emendar o Internal Revenue Code de 1986 para excluir dos ganhos de mínimos da receita bruta de certas trocas de moeda virtual, e para outros propósitos.

[55] Tradução livre de: "Gross income shall not include gain from the sale or exchange of virtual currency for other than cash or cash equivalents. (...) The amount of gain excluded from gross income

Quanto às perspectivas de aprovação, vale considerar que esse projeto de lei se encontra de acordo com um movimento de parlamentares americanos que buscam reformar o sistema tributário atual dos EUA.

Securities and Exchange Commission – SEC

A Securities and Exchange Commission (SEC), agência federal dos Estados Unidos similar à Comissão de Valores Mobiliários brasileira (CVM) e que detém a responsabilidade primária pela aplicação das leis de títulos federais e a regulação do setor de valores mobiliários, tem procurado aplicar as leis de valores mobiliários para tudo, desde as trocas de criptomoedas até as empresas de armazenamento de ativos digitais conhecidas como carteiras de criptomoedas.

Os analistas americanos têm afirmado que o foco da SEC não é o bitcoin e sim as novas criptomoedas lançadas para captação de recursos, as conhecidas ICOs, bem como apontam o aumento dos esforços da Comissão para reprimir as ofertas iniciais de tokens fraudulentas, que tendem a destinar seus potenciais lucros aos investidores e tem atraído bilhões de dólares globalmente.

A *Coinbase*, principal corretora de criptomoedas nos EUA, se recusou a comentar a declaração da SEC, e em

---

under subsection (a) with respect to a sale or exchange shall not exceed $600."

fevereiro deste ano, o presidente da SEC Jay Clayton disse em audiência do Comitê Bancário do Senado que está aberto a explorar com o Congresso, se o aumento da regulamentação das plataformas de negociação de criptomoedas é necessário ou apropriado (Cheng, 2018).

O que é um Bitcoin ETF?

Um ETF é um veículo de investimento que rastreia o desempenho de um determinado ativo ou grupo de ativos. Os ETFs permitem que os investidores diversifiquem seus investimentos sem realmente possuírem os ativos rastreados por um ETF.

Para aqueles indivíduos que procuram se concentrar apenas em ganhos-e-perdas, os ETFs fornecem uma alternativa mais simples à compra e venda de ativos individuais.

Além disso, como muitos ETFs tradicionais têm como alvo uma maior diversificação com algo em comum (foco em sustentabilidade, por exemplo, ou ações que representam a indústria de videogames e negócios relacionados), eles permitem que os investidores distribuam facilmente suas participações.

Um bitcoin ETF é aquele que imita o preço da moeda digital mais popular do mundo. Isso permite que os investidores comprem no ETF, sem passar pelo complicado processo de negociação do bitcoin em si. Além disso, como os detentores do ETF não serão investidos diretos em bitcoin, eles não precisarão se preocupar com os procedimentos complexos de armazenamento e segurança exigidos dos investidores em criptomoedas (Reiff, 2018).

Se um bitcoin ETF apenas refletir o preço da própria criptomoeda, por que ter um intermediário? Por que não investir apenas em bitcoin diretamente?

Há várias razões para isso.

Primeiro, como indicado acima, os investidores não precisam se preocupar com os procedimentos de segurança associados à manutenção de bitcoins e outras criptomoedas.

Ademais, não há necessidade de lidar com corretoras de criptomoedas no processo; os investidores podem apenas comprar e vender o ETF através de bolsas e mercados tradicionais.

Há outro benefício crucial para se concentrar mais em um bitcoin ETF do que no próprio bitcoin.

Como o ETF é um veículo de investimento, os investidores podem vender em baixa as ações do ETF se acreditarem que o preço do bitcoin cairá no futuro. Isso não é algo que pode ser feito no mercado tradicional de criptomoedas.

Ainda, os ETFs são muito mais bem compreendidos em todo o mundo dos investimentos do que moedas criptografadas, mesmo com moedas e tokens digitais se tornando cada vez mais populares nos últimos anos.

Um investidor querendo se envolver com criptomoedas, mas sem o tempo necessário para aprender sobre todos seus meandros, poderia se concentrar em negociar criptomoedas através de um instrumento financeiro que ele provavelmente esteja melhor familiarizado. (Reiff, 2018).

A rota para a aprovação do Bitcoin ETF

As empresas que buscam lançar os ETFs bitcoin enfrentaram dificuldades com as agências reguladoras até o momento.

Cameron e Tyler Winklevoss, famosos por seu envolvimento no Facebook, Inc. (FB) e, mais recentemente, por sua corretora de criptomoedas Gemini, fizeram seu pedido para lançar um bitcoin ETF chamado *Winklevoss Bitcoin Trust*, o que foi recusado pela SEC em 2017.

A razão para a negativa foi porque o bitcoin é negociado em bolsas que são, em grande parte, não regulamentadas, deixando-o suscetível à fraude e manipulação.

Os irmãos Winklevoss não desistiram de seus esforços; em 19 de junho de 2018, o Escritório de Marcas e Patentes dos EUA concedeu-lhes uma patente para uma empresa chamada *Winklevoss IP LLP* para produtos negociados em bolsa.

Os Winklevosses não são os únicos entusiastas das criptomoedas que querem ser os primeiros a lançar com sucesso um bitcoin ETF.

A *Cboe Global Markets, Inc.* (CBOE), a bolsa responsável por realizar futuros sobre bitcoins, espera que a SEC também permita ETFs relacionados a moedas digitais. A Cboe também adquiriu a *Bats Global Markets, Inc.*, a bolsa na qual o ETF da Winklevoss teria sido oferecido.

Por que a SEC não está pronta para um Bitcoin ETF ainda?

Embora muitos na "comunidade cripto" estejam confiantes de que a aprovação da SEC para um ETF Bitcoin está chegando, em 23 de agosto de 2018 a SEC rejeitou outra proposta de Bitcoin ETF - desta vez da *ProShares*.

Os movimentos seguem a recente rejeição de uma aplicação da *The Winklevoss Bitcoin Trust*.

Mais conhecido como o "*Winklevoss Bitcoin ETF*", foi rejeitado pela segunda vez pela SEC após uma mudança de regra proposta pela *BATS BZX Exchange*, a bolsa que planejava listar o fundo negociado em bolsa.

Mas a SEC ainda não está pronta para um ETF Bitcoin.

A SEC acha que o preço do bitcoin é vulnerável à manipulação - e não está aceitando nenhum argumento contrário.

Em resumo, as razões da SEC para a rejeição dizem respeito à manipulação potencial do mercado, à falta de meios tradicionais de detecção e dissuasão de fraude e manipulação e à falta de acordos adequados de compartilhamento de vigilância para o mercado de bitcoin.

A BZX argumentou que a própria natureza do mercado de bitcoins tornava a manipulação de preços "difícil e proibitivamente cara" e produzia várias cartas apoiando essa posição. Não é bom o suficiente, disse a SEC - citando a falta de dados para apoiar estas alegações - e concluindo que "há uma base insuficiente no registro anterior, para decidir que os mercados spot de bitcoin são inerentemente resistentes à manipulação".

Além disso, a SEC considerou que a BZX não tinha conseguido demonstrar que, na ausência de meios tradicionais de detecção e dissuasão de manipulação de mercado - por meio de um acordo de compartilhamento de vigilância com um mercado regulamentado de bitcoin de tamanho substancial - as próprias medidas de suficiente para impedir a manipulação do mercado (Lielacher, 2018).

Commodity Futures Trading Commission – CFTC

A CFTC é uma agência federal independente dos EUA que regulamenta opções de futuros e commodities e tem entre seus objetivos a proteção de investidores contra manipulação, práticas comerciais abusivas e fraude. (Investopedia, 2018).

Brian Quintenz, comissário da *Commodity Futures Trading Commission*, disse em março que a definição de políticas pela aplicação da lei é algo que as agências em geral precisam evitar, e semelhante à mesma linha adotada pelas autoridades japonesas, disse, em entrevista à CNBC, que um organismo de criptomoedas independente e privado poderia ajudar a preencher a lacuna entre o *status quo* e a futura regulamentação governamental, esforçando-se para estabelecer e fazer cumprir as regras do jogo (Quintenz, 2018).

O Senado Americano

Em uma audiência chamada "*Moedas Virtuais: O Papel Fiscalizatório da Comissão de Valores Mobiliários e Commodity Futures Trading Commission*", realizada no Senado dos Estados Unidos em 6 de fevereiro de 2018, Jay Clayton, presidente da SEC, e Christopher Giancarlo, presidente da CFTC, fizeram considerações sobre criptomoedas (The United States Senate Committee Hearing about Virtual Currencies, 2018).

E em quase duas horas de audiência, podemos extrair algumas observações listadas abaixo.

O que o Presidente da "Securities and Exchange Commission" e o Presidente do "Commodity Futures Trading Commission" disseram ao Senado Americano

Segundo o presidente da SEC, Bitcoin e Ether não são necessariamente moedas (nomear algo de moeda, ou produto baseado em moeda, não significa que não seja um título de títulos), assim como a maioria dos "*tokens* de utilidade" são valores mobiliários, e "token de utilidade" sejam estruturados para fornecer alguma utilidade, inexiste empecilho para que um *token* seja, em essência, um título.

Além disso, a estrutura do ICOS envolve a oferta e a venda de títulos e implica diretamente no cumprimento dos requisitos para registro de valores mobiliários.

Clayton também disse que as corretoras onde os investidores negociam *tokens* não são realmente corretores de ações porque eles não se registraram na SEC, então muitos locais de negociação são até conhecidos como bolsas de valores.

Expressando preocupação, ele afirmou que os investidores que negociam em tais plataformas de negociação não têm proteção de mercado a que teriam direito, quando negociam através de corretoras registradas ou sistemas alternativos de negociação.

Nenhum ICO foi registrado na SEC e a SEC não aprovou nenhum *Exchange Traded Funds* ou outros ativos derivativos de criptomoeda, e se alguém disser o contrário, os investidores devem ter cautela.

No entanto, as ICOs até agora têm sido vulneráveis ao *hacking* digital, com mais de 10% dos ganhos em ICOs (quase US $ 400 milhões) perdidos em tais ataques.

Também se notou, naquela época, a necessidade de implementar leis antilavagem de dinheiro e KYC (conheça seu cliente). E foi afirmado que a nova Unidade Cibernética na Divisão de Execução será mais agressiva na execução de ações contra aqueles que infringirem a lei. A Divisão de Execução da SEC continuará a policiar vigorosamente os ativos criptográficos e recomendará ações de fiscalização contra os envolvidos em ações de criptomoedas em violação das leis federais de valores mobiliários.

Estônia

A Suprema Corte da Estônia decidiu em 4 de abril de 2016, que a negociação de criptomoedas é uma atividade comercial legítima, regulada pela Lei de Combate à Lavagem de Dinheiro e Lei de Financiamento do Terrorismo.

No mesmo processo[56], esclareceu que para uma corretora de criptomoedas operar, o requerente deve obter uma autorização (conhecida como Provedor Alternativo de Meios de Pagamento) da Unidade de Inteligência Financeira (em estoniano: Rahapesu Andmebüroo) (Loban, 2018).

Quase um ano e meio após esta decisão emblemática, o Parlamento da Estônia promulgou nova versão da Lei de Combate à Lavagem de Dinheiro e ao Financiamento do Terrorismo, com vistas a solucionar as deficiências existentes na versão anterior, e cujos principais destaques são:

> Uma definição clara de criptomoedas ("moedas virtuais")

> Regulação da oferta de carteiras de criptomoedas

---

[56] Processo n° 3-3-1-75-15

> Identificação remota de clientes para corretoras de criptomoedas e provedores de serviços de armazenamento
>
> A possibilidade de delegar a identificação do cliente a um terceiro qualificado
>
> Uma nova definição e expansão significativa dos deveres do responsável pelo processamento das denúncias de lavagem de dinheiro
>
> A obrigação das empresas reguladas de desenvolver políticas sólidas de gerenciamento de risco, levando em consideração suas necessidades de risco, liquidez, capital e muitos outros fatores de risco.
>
> Multas pesadas por descumprimento de normas

Na nova lei, mais especificamente na Seção 3 (9), criptomoedas são denominadas "moedas virtuais" e definidas da seguinte forma:

> "'Moeda virtual' significa um valor representado na forma digital, que é digitalmente transmissível, preservável ou negociável e que pessoas singulares ou coletivas aceitam como instrumento de

pagamento, mas que não é a moeda legal de qualquer país ou fundos para os fins do artigo 4.º, n.º 25, da Diretiva (UE) 2015/2366 do Parlamento Europeu e do Conselho relativa aos serviços de pagamento no mercado interno, que altera as Diretivas 2002/65 / CE, 2009/110 / CE e 2013/36 / UE e Regulamento (UE) n.º 1093/2010 e que revoga a Diretiva 2007/64 / CE (JO L 337 de 23.12.2015, pp. 35–127) ou uma operação de pagamento para efeitos das alíneas k) e l) do artigo 3 da mesma diretiva ".

O detentor de uma autorização válida para negociar com moeda virtual na Estônia, por sua vez, é conhecido por "provedor de um serviço de troca de moeda virtual por moeda fiduciária" (em estoniano: Virtuaalvääringu raha vastu vahetamise teenuse pakkujad), conforme a Seção 2 (10) da aludida lei.

Os ativos digitais são classificados como propriedade por motivos fiscais. Apenas as corretoras de criptomoedas são reguladas.

Além disso, a estrutura legal da Estônia é construída para atrair investidores de todo o mundo, e o país está cada vez mais atento às *startups* de criptomoedas, especialmente aquelas com planos de realizar uma ICO. Em novembro de 2017, o governo do país esclareceu uma cláusula de negócios que ajudou a evitar a lavagem de dinheiro a fim de garantir que as ICOs no país sejam regulamentadas. E como se isso tudo não bastasse, a Estônia ainda possui uma das políticas fiscais mais competitivas da Europa Oriental, que favorecerem o investimento em criptomoedas, não sujeitando-as à tributação do IVA. Também as ICOs não se sujeitam ao IVA ou ao imposto de renda, o que torna o país um dos melhores locais para a indústria de criptomoedas como um todo (Schwarz, 2018).

França

O ministro francês da economia, Bruno Le Maire, que propôs uma discussão sobre a regulamentação bitcoin à cúpula do G-20 ao longo de 2018 (Reuters Staff, 2017), anunciou recentemente a criação de um grupo de trabalho sobre criptomoedas a ser dirigido por Jean-Pierre Landau (ex vice-governador do Banco Central do país – o Banco da France).

Esse grupo de trabalho terá a missão de propor diretrizes, acompanhar a evolução das regulações pelo mundo e sugerir qual o melhor caminho para evitar o uso de criptomoedas para fins de evasão fiscal, lavagem de dinheiro e financiamento de atividades criminosas e terrorismo (Amsili, 2018).

Visivelmente optando por uma postura proativa quanto à regulamentação do ecossistema blockchain e das criptomoedas (Coindesk, 2017), o governo francês deu sua aprovação para novas regras à negociação de títulos não registrados via blockchain, bem como para seus reguladores financeiros elaborarem uma legislação destinada a atrair negócios, mediante um selo de aprovação às chamadas *"Initial Coin Offering"*, ofertas iniciais de criptomoedas (Murphy & Keohane, 2018).

Gibraltar

A legislatura de Gibraltar aprovou um projeto de lei para atualizar seus regulamentos de serviços financeiros, que estabelece as bases para a nova legislação para o setor de criptomoedas, serviços financeiros e jogo online (os principais pilares da economia de Gibraltar) (Haig, 2017).

Na exposição de motivos, a lei recentemente adotada declara sua intenção de "estender as medidas de proteção dos investidores a clientes licenciados que realizam atividades controladas que não sejam serviços de investimento".[57] (Government of Gibraltrar, 2017).

Posicionando-se cada vez mais como uma jurisdição atraente para criptomoedas e empresas DLT, em setembro último, Gibraltar expressou sua intenção de desenvolver uma "estrutura regulatória complementar" para os ICOs. (Gibraltar Financial Services Commission, 2017).

---

[57] Tradução livre de: "This Act amends the Financial Services (Investment and Fiduciary Services) Act to extend measures for the protection of investors to the customers of licensees carrying on controlled activities which are not investment services." (Government of Gibraltrar, 2017)

Índia

O governo indiano, mais especificamente Arun Jaitley (ministro das Finanças da Índia), tem adotado uma posição desencorajadora quanto às criptomoedas no país.

Jaitley se referiu ao Bitcoin (Ministry of Finance of Government of India, 2017) como um "*Ponzi Schemes*" (esquema fraudulento) em dezembro de 2017[58] e, em janeiro deste ano, vários grandes bancos da Índia limitaram ou suspenderam contas de corretoras de criptomoedas, citando o risco de transações "ilegítimas".

Após sofrer críticas e a mídia indiana ter interpretado seu discurso como uma iminente proibição de criptomoedas no país, Arun Jaitley concedeu entrevista a um telejornal indiano (DD News, 2018) e afirmou que não existe uma proibição de criptomoedas ativa no país.

Contudo, segundo reportagem do jornal indiano *India Economic Times* (Sharma, 2018), duas bolsas de

---

[58] "O governo não reconhece moedas criptografadas como moeda legal ou moeda e tomará todas as medidas para eliminar o uso desses crypto assets no financiamento de atividades ilegítimas ou como parte do sistema de pagamentos", disse Jaitley. Tradução literal de "Speaking about cryptocurrencies, Arun Jaitley, the Finance Minister of India, just concluded the announcement of India's 2018 budget, where he said, and we quote", fala extraída do site indiano It's Blockchain (Malviya, 2018).

negociação de criptomoedas indianas BTCXIndia[59] e ETHEXIndia[60] informaram seus clientes por e-mail que estão parando suas atividades comerciais, citando "*stress*" em seus negócios causados por ações governamentais que desencorajam a negociação de criptomoedas.

Os sites da BTCXIndia e da ETHEXIndia exibiram uma mensagem para os clientes informando que os depósitos recebidos após o dia 1 de janeiro seriam automaticamente enviados de volta para a conta bancária do investidor.

Aos clientes da BTCXIndia foi concedido prazo até 4 de março de 2018 para a retirada recursos em Bitcoin (BTC), Ripple (XRP) ou Rúpia (INR), antes que uma taxa anual de manutenção da carteira seja aplicada. A interrupção das negociações em Ripple / INR chegou a ser anunciada no site da corretora.

Não há dados das negociações ocorridas na BTCXIndia listados no CoinMarketCap[61]. Os clientes da ETHEXIndia disseram ao jornal citado acima que tiveram até 28 de fevereiro para retirar seus fundos em rupias ou Ethereum (ETH), e que as negociações foram interrompidas em 1º de março de 2018.

---

[59] https://btcxindia.com/
[60] https://ethexindia.com/
[61] https://coinmarketcap.com/exchanges/btcxindia/

Já a BTCXIndia[62], diz a mesma reportagem, em e-mail enviado aos clientes, cita o discurso orçamentário do ministro das Finanças da Índia, e menciona. E a BTCIndia encerra seu e-mail manifestando esperança de que o governo enxergue os grandes benefícios que a

---

[62] Aqui está a mensagem de e-mail que a BTCXIndia enviou para seus membros:
"Já se passaram 4 anos desde que abrimos a BTCXIndia, e dois anos desde que abrimos a ETHEXIndia. Atendemos mais de 35.000 clientes durante os anos e testemunhamos o aumento do preço do BTC em 50x e o preço da ETH em 100x. Mantivemos sua criptografia segura e permitimos que você negociasse com outras pessoas em igualdade de condições, em um ambiente seguro, enquanto aderisse à KYC & AML e a outros requisitos de conformidade fiscal.
Como ouvimos no discurso sobre orçamento, o governo indiano está desencorajando o comércio de moeda criptografada. Isso ficou claro também pelas ações do governo no ano passado, e colocou nosso negócio sob muito estresse e nos colocou em uma posição em que não fazemos isso. Sinto que podemos continuar nosso negócio de maneira profissional por mais tempo. Até que novas regras estejam em vigor para tokens em blockchains públicos, estamos parando nossa plataforma de negociação (par XRP / INR) e focaremos 100% em nossa consultoria trabalhando com blockchains permitidos. Todas as atividades de negociação serão suspensas a partir de 5 de março de 2018. Por favor, retire todos os ativos da sua conta antes disso." Leia mais em: //economictimes.indiatimes.com/articleshow/63110237.cms?utm_source=contentofinterest&utm_medium=text&utm_campaign=cppst

tecnologias Blockchain pode trazer à Índia e, eventualmente, possa promover uma regulamentação progressiva e mais clara.

Atualmente, o que se percebe é um acerta confusão entre as autoridades indianas que, apesar do intuito de se estruturar um quadro regulatório sobre o assunto (Gupta, 2018), desde o ano passado estão num impasse sobre qual órgão irá regular as criptomoedas (Choudhary, 2017).

Essa indefinição do governo indiano, por sua vez, já tem gerado ações judiciais. Em abril deste ano, o Supremo Tribunal de Délhi emitiu um aviso ao Banco central da Índia sobre o recebimento de petição, endereçada pela Kali Digital Ecosystems[63], que busca resguardar os direitos básicos das entidades de criptomoedas para realizar qualquer negócio.

E em novembro do ano passado, a Suprema Corte da Índia já havia solicitado ao governo indiano que respondesse a uma petição pedindo clareza sobre o assunto (The Hindu, 2017), apesar do governo estudar criptomoedas e propor novas regulamentações desde abril de 2017 (Government of India, 2017).

---

[63] Empresa indiana que pretende lançar uma plataforma de negociação de criptomoedas chamada CoinRecoil em agosto deste ano

Israel

Fato interessante no tocante ao Estado de Israel é a recente decisão da Suprema Corte Israelense que emitiu uma decisão liminar que proíbe o Banco Leumi de interromper as atividades da conta bancária "Bits of Gold", que está ligado a negociações em bitcoin. Segundo a Suprema Corte Israelense: "Os danos que podem ser causados ao Banco (...) constituem especulações neste momento" (Rubin, 2018).

Nos últimos anos, a empresa, que atua como corretora de câmbio e possui as aprovações necessárias para operar, está lutando contra o Bank Leumi, que decidiu fechar sua conta bancária apesar da conduta meticulosa da empresa - apenas porque a empresa negocia Bitcoin e moedas digitais.

Desde a sua criação em 2014, a Bates of Gold possui uma conta no Bank Leumi. Em 2015, o banco pediu parar todas as negociações em Bitcoin no banco e, em seguida, Bits of Gold decidiu candidatar-se ao tribunal para aprovação.

Japão

O incidente Mt. Gox

Na terra do sol nascente, o Bitcoin estava perto de alcançar o *mainstream*, quando em fevereiro de 2014, a Mt. Gox, (*exchange* estabelecida em Tóquio, e 70% do volume do comércio global de Bitcoin), encerrou suas operações após seu site ter sido invadido (hackeado) e cerca de 850.000 bitcoins (no valor médio de US $ 450 milhões à época) desaparecerem de seu sistema.

Mark Karpeles, CEO da Mt. Gox, foi preso no Japão e acusado de fraude e peculato (Wile, 2014).

A verdadeira razão do incidente ainda é um mistério e, por isso, a palavra "Bitcoin" no Japão foi associada com esquemas de fraude, roubo e pirâmide (esquema Ponzi) por muitos anos.

O renascimento das corretoras de criptomoedas japonesas

Após o incidente da Mt. Gox, a corretora de bitcoins *Bitflyer* (grupo liderado por um ex-trader do Goldman Sachs) iniciou suas atividades no país, assim como a *QUOINE*, outra corretora com sede em Singapura, também iniciou suas operações no Japão.

Pouco a pouco, essas exchanges[64] obtiveram um pequeno número de clientes, enquanto algumas moedas digitais japonesas utilizaram em sites de jogos também surgiram (Yagami, 2017).

---

[64] Exchanges ou corretoras de criptomoedas são empresas que permitem seus clientes negociarem moedas criptografadas (ou moedas digitais) por outros ativos, como as moedas fiduciárias convencionais (dólar, euro, etc) ou moedas digitais diferentes. (Rosic, 2017)

Ano de 2017: O divisor de águas

O ano de 2017, contudo, foi um divisor de águas para as criptomoedas no Japão.

No começo do ano, a China e a Coreia do Sul reprimiram o comércio de criptomoedas e fecharam as exchanges, bem como foram proibidas todas as ofertas iniciais de criptomoedas (ICOs)[65] (Investopedia, 2018), que nada mais são do que atividades de capitação de recursos relacionadas à criptomoedas (Meyer, 2017).

Todos esses eventos, combinados com a alteração da legislação japonesa, levaram ao crescimento súbito do comércio de criptomoedas no Japão.

The Payment Services Act

Em 2017, o Japão alterou o *The Payment Services Act*, que faz parte do *Banking Act*, para tornar as criptomoedas uma forma legal de pagamento.

A nova legislação japonesa definiu o Bitcoin e outras criptomoedas como forma de pagamento, e não como uma moeda legalmente reconhecida.

Com essa mudança legislativa, o Bitcoin continuará a ser tratado como um ativo, a menos que haja revisões ou diretrizes futuras para a legislação tributária japonesa (BitFlyer, 2018).

---

[65] *Idem* Nota 18.

A aprovação "oficial" do governo japonês e as políticas restritivas nos países vizinhos ajudou a elevar o preço do Bitcoin, além de elevar o volume de negócios da moeda digital no Japão a 60% dos volumes globais de Bitcoin por alguns dias.

Financial Services Agency (FSA) e a criação da "Japanese Cryptocurrency Exchange Association"

Outro marco importante foi a aprovação da operação de 11 corretoras de criptomoedas pelas autoridades financeiras do Japão, a FSA, em setembro de 2017. E na época, 17 criptomoedas foram admitidas para serem negociadas nessas corretoras, além das principais, como Bitcoin, Ether, Ripple, Litecoin e Monacoin.

Por fim, um grupo de corretoras japonesas[66], devidamente registradas e licenciadas pela *Financial Services Agency* (FSA), a agência reguladora financeira do país, se uniram e traçaram diretrizes para uma auto-regulamentação do ecossistema de criptomoedas no país.

O lançamento de um órgão autorregulador que será conhecido como "*Japanese Cryptocurrency Exchange*

---

[66] As 16 empresas que formam o grupo são: Money Partners, QUOINE, bitFlyer, Banco Bit, SBI Virtual Currency, GMO Coin, Bit Trade, BTC Box, BitPoint Japão, DMM Bitcoin, Bit Argo Exchange Tóquio, Bitgate, BITOCEAN , Fiscalo Currency Exchange, Xtheta e Tech BURO

Association", surgiu para "restaurar a confiança" no setor após o roubo de US $ 530 milhões da *Coincheck* em janeiro deste ano (Yamaguchi, 2018).

Com o objetivo de promover um ambiente de comércio saudável, com a elaboração de padrões para todo o setor como, por exemplo, regras para a proteção do cliente e controles internos, buscando o *compliance* das empresas associadas de criptomoedas, o novo órgão também considerará a imposição de penalidades aos membros por atividades que prejudiquem a confiança e a confiança do público no setor, bem como criará e fixará diretrizes para ofertas iniciais de moedas (ICOs) no Japão, trabalhando em conjunto com a FSA.

O presidente da entidade eleito foi Taizen Okuyama, presidente e CEO da *Money Partners*, e o novo órgão também fornecerá orientação para as demais exchanges que buscam registro, mas continuam operando sem uma licença da FSA.

Malta

Em 26 de junho de 2018, o Parlamento de Malta aprovou projetos de lei relacionados a blockchain e às criptomoedas no Parlamento, 26 de junho, de acordo com registros legislativos da sessão plenária.

Os projetos aprovados incluem a Bill nº 43 – Lei de Arranjos e Serviços de Tecnologia Inovadora –, a "Bill nº 44" – Lei de Ativos Financeiros Virtuais – e, por fim, a Bill nº 45 – Lei da Autoridade de Inovação Digital de Malta.

Os dois primeiros projetos de lei preveem a regulamentação de blockchains e de tecnologias de contabilidade distribuída, bem como de ativos financeiros virtuais em Malta, sob a supervisão da "Malta Digital Innovation Authority".

O Projeto de Inovação da Malta Digital Innovation Authority busca "promover princípios consistentes para o desenvolvimento de visões, habilidades e outras qualidades relacionadas à inovação tecnológica", bem como regulamentos de apoio do setor.

Silvio Schembri, o Ministro Júnior para Serviços Financeiros, Economia Digital e Inovação dentro do Gabinete do Primeiro Ministro de Malta, postou um twitter sobre a aprovação dos projetos:

> "Hoje, o parlamento maltês aprovou por unanimidade 3 projetos de DLT / blockchain, o primeiro do mundo. Honrado por ter conduzido essas contas. Anunciou que o Sr. Stephen McCarthy será o CEO da nova #Malta Digital Innovation Authority. #BlockchainIsland -SS" (twitter de Silvio Schembri, em 26/6/2018)

Recentemente, corretoras de criptomoedas de grande porte como OKEx, BitBay e Binace, mudaram suas operações para Malta devido à legislação amigável aos criptoativos.

E o CEO da Binance, Changpeng Zhao, conhecido como "CZ", levou outros projetos para Malta, como o Tron:

> "Justin sabe onde a festa é. Bem-vindo a Malta $ tron.", disse CZ em um Twitter.

Sobre a ida da Binance para Malta, Silvio Schembri, Ministro Júnior para Serviços Financeiros, Economia Digital e Inovação no Gabinete do Primeiro Ministro de Malta, comentou:

> "A decisão da Binance é um voto de confiança no que estamos oferecendo como país e como governo neste setor e como governo neste espaço. Durante a reunião com CZ, expliquei nossa visão de longo prazo refletida no documento de política que foi lançado em fevereiro, 'Malta – Um líder em regulação DLT'. Não estamos fugindo, mas queremos liderar as oportunidades, regulando sem sufocar a inovação. Em última análise, nossa visão e tornar Malta "A Ilha Blockchain" (Sanchez, 2018).

Em entrevista concedida ao jornal "The Malta Independent", Marcel Cassar, o recém-nomeado presidente da Associação dos Banqueiros de Malta afirmou que as criptomoedas estão "aqui para ficar", e ressaltou que o blockchain não é uma tecnologia disruptiva, mas sim uma tecnologia fundamental que pode "criar novas plataformas para nossa infraestrutura econômica e social".

México

Os legisladores no México supostamente avançaram um projeto de lei que foi elaborado para regulamentar fintech, incluindo criptomoedas, no país.

O projeto de lei foi aprovado pelo Legislativo mexicano, e atualmente aguarda assinatura do presidente do México, Enrique Pena Nieto, antes de entrar em vigor.

O último movimento legislativo mexicano objetiva dar bandeira verde ao projeto de lei recém aprovado, e garantir certeza do *status* legal das criptomoedas, colocar as operações das corretoras de criptografia sob supervisão do Banco Central do país, bem como impedir o uso da tecnologia em atividades ilícitas como lavagem de dinheiro.

A nova lei, no entanto, elaborada em caráter geral, também prevê a elaboração de uma lei "secundária" pelos demais reguladores financeiros, como a Comissão de Valores do México, o Banco Central e o Ministério das Finanças nos próximos meses (Reuters, 2018).

Nigéria

A Nigéria ficou entre os principais países que mais utilizaram a palavra "bitcoin" para busca na internet, de acordo com o Google Trends em 2017[67], ao lado da África do Sul, Eslovênia, Holanda e Áustria.

No entanto, de acordo com relatório da Quartz Africa (QuartzAfrica, 2018), legisladores nigerianos veem as criptomoedas como um grande esquema de *Ponzi* e, por isso, o Senado da Nigéria solicitou ao Banco Central (BCN) e outros reguladores que investiguem a "proliferação do bitcoin" e procurem educar os cidadãos sobre "os perigos das criptomoedas".

Nesta linha, a Nigéria Securities and Exchange Commission (SEC) advertiu[68] que potenciais investidores deveriam "ter extrema cautela" com propagandas sobre bitcoin e criptomoedas no rádio e outros demais de comunicação (SECNigeria, 2017).

---

[67] https://trends.google.com/trends/yis/2017/GLOBAL/

[68] "A Comissão deseja alertar o público de que nenhuma das pessoas, empresas ou entidades que promovem criptomoedas foi reconhecida ou autorizada por ela ou por outras agências reguladoras na Nigéria para receber depósitos do público ou para fornecer qualquer investimento ou outros serviços financeiros em ou da Nigéria "

Portugal

A Comissão de Valores Mobiliários de Portugal

A Comissão de Mercado de Valores Mobiliários de Portugal (CMVM) revelou no ano passado que estava supervisionando bancos e corretoras para ficar de olho na "euforia do bitcoin" que estava varrendo o país em dezembro de 2017.

A Autoridade Tributária Portuguesa (AT)

Durante o ano de 2017, a mídia portuguesa mostrou em seu noticiário que as autoridades portuguesas estavam procurando taxar os usuários de criptomoeda (Negócios, 2017).

Há época, destacou-se que embora a atual legislação fiscal portuguesa não contemple especificamente esse tipo de atividade (compra e venda de criptoativos), a AT afirmou, em reportagem a um portal de negócios português, que:

> (...) somos de entendimento que tais rendimentos configuram uma distribuição de lucros, na proporção da sua participação (investimento)".

E o Fisco conclui que:

> "nesses termos, estar-se-á perante rendimentos de capitais, conforme previsto no artigo 5.º do código do

IRS (CIRS)". "Como se tratam de rendimentos pagos por uma entidade não residente em Portugal, consideram-se rendimentos obtidos no estrangeiro, que deverão, aquando da entrega da declaração modelo 3 do IRS, ser mencionados no anexo J (quadro 4 - campo 420)".

Perante este cenário a Autoridade Tributária portuguesa afirmou ainda que:

"a tributação desses rendimentos, ocorrerá de duas formas":

"1- Opta pelo não englobamento desses rendimentos (não colocando uma cruz na quadrícula onde é feita essa pergunta no final do anexo J), sendo os mesmos tributados autonomamente à taxa de 28% ou 35%, conforme se enquadrem no n.º 5 ou no n.º 12, respectivamente, do artigo 72.º do CIRS;".

"2- caso os seus rendimentos anuais do trabalho por conta de outrem não sejam muito elevados, opta pelo englobamento, e serão tais rendimentos englobados juntamente com restantes, sendo aplicada a taxa de acordo com o artigo 68.º do CIRS.

A AT quer cobrar, mas deixa um conselho:

> "(...) será uma questão de antes fazer uma simulação do IRS com as duas opções".

Apesar do posicionamento transcrito acima, a Autoridade Tributária portuguesa apresentou respostas contraditórias em logo do ano de 2017, afirma um portal português de notícias (Negócios, 2017).

No início de 2018, em decisão divulgada em 17 de janeiro de 2018, a AT afirmou que, por ora, não há enquadramento legal para tributar os lucros obtidos com a compra, venda e troca de criptomoedas.

Logo, ao menos por ora, quem obtiver lucro nas operações de compra e venda de criptomoedas em Portugal, fica a salvo de pagar tributos sobre tais rendimentos. Veja-se:

> "Um contribuinte português questionou a autoridade tributária sobre a forma como devem ser tributados os ganhos com as moedas virtuais e a reposta do fisco português não podia ser mais vantajosa para o investidor: não há na lei portuguesa enquadramento para considerar que os ganhos são tributáveis. Só num cenário em que uma pessoa tivesse atividade profissional ou empresarial aberta para comprar e vender criptomoedas é que acabaria por ser tributado em IRS (na categoria B, a

dos recibos verdes) – é um cenário muito improvável." (Pereira, J., 2018)

Na decisão, o fisco português explica que, embora não sejam tecnicamente consideradas uma "divisa por não disporem de curso legal ou de poder liberatório" no país, as criptomoedas podem ser trocadas por uma moeda real em função da procura.

À luz da lei portuguesa não há enquadramento, pelo menos para já, que permita classificar esses ganhos em criptomoedas como rendimentos tributáveis – e é isso que justifica que não haja tributo (IRS) a pagar.

Rússia

O governo russo publicou um projeto de lei, de iniciativa do Ministério das Finanças e intitulado "Sobre ativos financeiros digitais"[69], que regula a criação, emissão, armazenamento e circulação de criptomoedas e ofertas iniciais de moedas (ICOs) na Rússia.

Vejamos abaixo seus principais pontos (Ministério das Finanças da Federação da Rússia, 2018).

O texto legal traz as definições oficiais de criptomoeda, tokens, contratos inteligentes, trocas de criptografia e mineração.

---

[69] Tradução literal de "O цифровых финансовых активах".

Enquanto criptomoeda é definida como "um tipo de ativo financeiro digital criado e contabilizado no registro distribuído de transações digitais pelos participantes desse registro, de acordo com as regras de manutenção do registro de transações digitais"[70], um token é definido como "um tipo de ativo financeiro digital que é emitido por uma pessoa jurídica ou por um empresário individual (doravante referido como um emissor) para atrair financiamento e é registrado no registro de registros digitais."[71]

Já a mineração, classificada como ação legalmente válida, é conceituada "uma atividade empreendedora destinada a criar uma criptomoeda e / ou validação para receber uma compensação na forma de criptomoeda". As atividades de mineração são subsequentemente descritas como ações "legalmente válidas".[72]

---

[70] Tradução livre de "Криптовалюта – вид цифрового финансового актива, создаваемый и учитываемый в распределенном реестре цифровых транзакций участниками этого реестра в соответствии с правилами ведения реестра цифровых транзакций."

[71] Tradução livre de "Токен – вид цифрового финансового актива, который выпускается юридическим лицом или индивидуальным предпринимателем (далее – эмитент) с целью привлечения финансирования и учитывается в реестре цифровых записей."

[72] Tradução livre de "Майнинг – предпринимательская деятельность, направленная на создание криптовалюты и/или валидацию с целью получения вознаграждения в виде криптовалюты."

Ainda, o documento esclarece que os russos têm o direito de trocar suas criptomoedas por outros ativos digitais e pela moeda oficial do país, desde que através dos profissionais licenciados para o mercado de valores mobiliários.

Também consta do texto de lei que os detentores de ativos financeiros digitais têm o direito de negociar ativos financeiros digitais de um tipo, por ativos financeiros digitais de outro tipo e / ou trocar ativos financeiros digitais por rublos, moeda estrangeira e / ou outros bens somente através do operador de câmbio de ativos financeiros digitais.[73]

As corretoras devem ser "estabelecidas de acordo com a legislação da Federação Russa e realizar os tipos de atividades especificadas nos Artigos 3 a 5 da Lei Federal

---

[73] Tradução livre de "1. Владельцы цифровых финансовых активов вправе совершать сделки по обмену цифровых финансовых активов одного вида на цифровые финансовые активы другого вида и/или обмену цифровых финансовых активов на рубли, иностранную валюту и/или иное имущество только через оператора обмена цифровых финансовых активов. При этом указанные сделки, заключаемые с привлечением оператора обмена цифровых финансовых активов, являющегося организатором торговли в соответствии с Федеральным законом от 21 ноября 2011 г. № 325-ФЗ "Об организованных торгах", должны осуществляться в соответствии с Правилами организованных торгов цифровыми финансовыми активами, зарегистрированными в Центральном банке Российской Федерации."

No. 39-FZ de 22 de abril de 1996 'No Mercado de Valores Mobiliários'. Como alternativa, eles também podem ser "entidades legais que são os organizadores do comércio de acordo com a Lei Federal de 21 de novembro de 2011 No. 325-FZ 'On Organized Trading'."
[74]

O documento também coloca restrições às carteiras, que são definidas na lei russa como uma ferramenta de software e hardware que permite armazenar informações sobre registros digitais e fornecer acesso.

No entanto, como medida para prevenir a lavagem de dinheiro e o financiamento do terrorismo, o projeto de lei russo estabelece que uma carteira deve ser disponibilizada pelo operador de troca de ativos financeiros digitais somente depois de passar os

---

[74] Tradução livre de Оператор обмена цифровых финансовых активов – юридическое лицо, осуществляющее сделки по обмену цифровых финансовых активов одного вида на цифровые финансовые активы другого вида и/или обмену цифровых финансовых активов на рубли или иностранную валюту. Операторами обмена цифровых финансовых активов могут быть только юридические лица, которые созданы в соответствии с законодательством Российской Федерации и осуществляют виды деятельности, указанные в статьях 3 – 5 Федерального закона от 22 апреля 1996 г. № 39-ФЗ «О рынке ценных бумаг», или юридические лица, являющиеся организаторами торговли в соответствии с Федеральным законом от 21 ноября 2011 г. № 325-ФЗ "Об организованных торгах".

procedimentos de identificação de seu proprietário, de acordo com a Lei Federal de 7 de agosto de 2001.

E o documento finaliza, fixando que as transações relativas à negociação de ativos digitais de pessoas que, conforme a Lei Federal de 22 de abril de 1996 № 39-FZ, não são classificadas pelo Mercado de Valores Mobiliários como investidores qualificados, somente poderão ocorrer mediante crédito ou débito dos ativos financeiros digitais em conta especial aberta pela corretora de ativos financeiros digitais (que é o dono de uma carteira digital usada para armazenar informações sobre ativos financeiros digitais e pode acessar o registro de transações digitais).

O procedimento para abertura e manutenção dessas contas especiais é estabelecido pelo Banco Central da Federação Russa.

Suíça

A Crypto Valley Association

A Suíça tornou-se um dos principais centros europeus de criptomoedas devido à Crypto Valley Association, um ecossistema de criptomoedas e desenvolvimento da tecnologia de blockchain, sem fins lucrativos, lançado em Zug na Suíça, com suporte governamental e com o objetivo de "apoiar o desenvolvimento de tecnologias e negócios relacionados a blockchain e criptomoedas" (Crypto Valley Association, 2017).

O famoso sigilo bancário suíço sob ataque global devido ao combate à lavagem de dinheiro e a evasão fiscal, mas a segurança financeira continua em pauta na Suíça (The Economist, 2018).

O objetivo de se tornar a "Crypto Nation"

O país pretende agora tornar-se a "crypto-nation" (nação cripto), nas palavras do Ministro da Economia, Johann Schneider-Ammann, no *First Crypto Finance Conference*, evento sediado na cidade de St. Moritz entre os dias 17 e 19 de janeiro de 2018 e destinado a investidores do mundo todo (Schneider-Ammann, 2018).

Para isso, a Suíça possui regras favoráveis para criptomoedas e tem incentivado o desenvolvimento de indústrias voltadas a produtos e serviços relacionados ao ecossistema das criptomoedas como, por exemplo, a fabricação de discos rígidos (hardware) em que as chaves criptográficas são armazenadas.

Em 2016, Zug tornou-se o primeiro lugar no mundo a aceitar bitcoin para alguns serviços públicos (The Economist, 2018).

A Autoridade de Supervisão do Mercado Financeiro Suíço

As corretoras de criptomoedas são legalizadas, desde que registradas junto à Autoridade de Supervisão do Mercado Financeiro Suíço.

Quatro em 10 das maiores propostas de ofertas iniciais de moedas (ICOs) foram lançadas na Suíça, de acordo com um relatório da PwC. Tal se deu, muito provavelmente devido ao fato da autoridade de Supervisão do Mercado Financeiro da Suíça estabeleceu diretrizes claras para as ICOs (Rooney, 2018).

Uruguai

O esforço da Câmara Fintech uruguaia

A Câmara de Fintech do Uruguai anunciou em junho de 2018, a criação de um comitê especial para o desenvolvimento da estrutura de regulação do ecossistema em torno das criptomoedas (Alexandre, A, 2018).

O comitê promoverá a inovação com o objetivo de fortalecer e desenvolver o sistema financeiro do país, incrementar a luta contra a lavagem de dinheiro, o terrorismo ou o tráfico de drogas, além de tornar a indústria uruguaia mais transparente.

A ausência de padrões específicos destinados à indústria das criptomoedas

Embora o Uruguai ainda não tenha um quadro regulatório nem padrões específicos pertinente à indústria das criptomoedas, a câmara de tecnologia financeira tem chamado organizações, consultores, empresários e funcionários do governo para colaborar com eles.

CRIPTOMOEDAS NO CENÁRIO INTERNACIONAL

O objetivo ambicioso de tornar-se o "Crypto Valley" da América Latina

O ex-presidente e fundador da câmara de influência do Uruguai, Sebastián Olivera, disse que a câmara pretende atrair investimentos e inovação na indústria local, bem como continuar a promover o Uruguai como um polo tecnológico regional, tornando-se o "crypto-valley" da América Latina.

Venezuela

A criação do "Petro" como tábua de salvação para um país com dificuldades econômicas

Observando o sucesso do Bitcoin e outras criptomoedas, ou pelo simples instinto de sobrevivência, o governo venezuelano lançou a primeira "criptomoeda" nacional.[75]

---

[75] Criptomoedas não são emitidas por nenhum governo. A flutuação de seu preço está vinculada apenas à demanda e oferta. Criptomoedas, que tem natureza privada, são emitidas e garantidas por algoritmos criptográficos (por matemática e criptografia). Criptomoedas são descentralizadas e são executadas via blockchain (Revoredo, 2018).

Parece que Maduro vê nessa tecnologia uma possível solução para a maior crise política, social e econômica da história da Venezuela.

Segundo o governo venezuelano, a "criptomoeda" nacional, a Petro é apoiada pelo petróleo bruto.

O país é membro da Organização dos Países Exportadores de Petróleo (OPEP), mas a queda dos preços do petróleo e as sanções incapacitantes viram o país experimentar uma das piores hiperinflações dos últimos anos.

O Petro é para muitas pessoas uma tábua de salvação para um país em dificuldades econômicas, a necessidade de injetar fundos na economia é séria e um sinal próprio poderia ser um canal para conseguir isso. Muitos críticos veem Petro como uma tentativa do governo venezuelano de contornar as sanções que estão sendo lançadas contra ele, especialmente entre a UE e os Estados Unidos.

Vietnam

A compilação de uma estrutura legal para criptomoedas para aumentar as possibilidades em tecnologia financeira e pagamentos *online*

O primeiro-ministro Nguyen Xuan Phuc aprovou em agosto de 2017 um plano para examinar e simplificar o quadro legislativo pertinente às criptomoedas no Vietnã.

Com isto, espera-se que criptomoedas sejam reconhecidas legalmente no país em breve (VNA - Vietnam Business, 2017).

Phuc pediu ao Ministério da Justiça para presidir e coordenar com outros ministérios e instituições relevantes (incluindo o Banco do Estado do Vietnã, Ministério da Informação e Comunicações, Ministério da Segurança Pública, Ministério da Indústria e Comércio e Ministério das Finanças), um estudo aprofundado da atual legislação no país, fornecendo uma avaliação abrangente e soluções adequadas ao quadro regulatório vietnamita.

A intenção é que todos os documentos normativos sobre as criptomoedas estejam concluídos até o final de 2018, segundo o primeiro-ministro, com a compilação de uma estrutura legal tributária para criptomoedas até junho de 2019.

Espera-se que, uma vez finalizada a estrutura legal para as criptomoedas, surjam novas possibilidades em tecnologia financeira e pagamentos *online*.

G20

A inclusão de discussões sobre criptomoedas na agenda do G20

Os Presidentes dos Bancos Centrais e os Ministros das Finanças da França e da Alemanha solicitaram formalmente ao Ministro das Finanças da Argentina a inclusão de regulamentos de criptomoedas na agenda das reuniões do G20 ao longo de 2018.

A Argentina atualmente detém a presidência dos países do G20. Na carta, a França e a Alemanha desejam debates centrados nas implicações monetárias e políticas das moedas digitais (Megaw, 2018).

A estratégia para posicionar a Europa como uma região pronta a abraçar tecnologias disruptivas

Este movimento no sentido de introduzir uma agenda de criptomoedas na cúpula do G20 parece ser uma estratégia da França e Alemanha para posicionar a Europa como uma região que está pronta para abraçar tecnologias disruptivas.

Isto porque, no comunicado oficial, os dois países reconheceram as novas oportunidades existentes nas tecnologias subjacentes aos tokens. Ao mesmo tempo, contudo, mencionaram os riscos substanciais para os investidores em criptomoedas e, alertaram para a necessidade de medidas adequadas para se evitar que "moedas digitais" e a tecnologia Blockchain sejam utilizados para crimes financeiros.

Com a adoção da agenda de criptomoedas pela cúpula do G20, o assunto ganhou evidência em um contexto de proibição do funcionamento de exchanges (corretoras) de criptomoedas na China, e de implementação de nova regulação de criptomoedas por diversos países como, por exemplo, a Coreia do Sul que veda contas anônimas nas corretoras de criptomoedas situadas em seu território.

O encontro do G20 em Buenos Aires

Os países membros presentes no encontro realizado em Buenos Aires na Argentina, então, concordaram que as criptomoedas precisavam ser estudadas, e mais informações seriam necessárias antes da proposição de qualquer regulamentação.

The G20 Communiqué

Ao final do encontro realizado em março de 2018, estipulou-se o mês de julho como prazo final para recomendações sobre como regulamentar o ecossistema das criptomoedas no mundo inteiro, sendo possível extrair algumas conclusões (Revoredo, 2018):

> 1) Os líderes econômicos mundiais aparentemente preferem chamar criptomoedas de "criptoativos", o que implica ver "criptos" como ativos e não como moedas.
>
> 2) O comunicado do G20 reconhece notavelmente a "inovação tecnológica" subjacente às criptomoedas, com o potencial de "melhorar a eficiência e inclusão do sistema financeiro e da economia de forma mais ampla".
>
> 3) Os membros do G20 pretendem discutir questões sobre o impacto das criptomoedas no que diz

> respeito à proteção dos consumidores e investidores, evasão fiscal, integridade do mercado, lavagem de dinheiro e financiamento ao terrorismo, ecoando preocupações expressas por reguladores em todo o mundo.
>
> 4) Os rumores de uma repressão às criptomoedas não se concretizaram.

É um fato que, antes de qualquer elaboração legal, o domínio da essência e os impactos das criptomoedas no sistema financeiro global são necessários.

Financial Stability Board – FSB

O Financial Stability Board, (Conselho de Estabilidade Financeira, em português), uma agência global que administra a regulamentação financeira das economias do G-20, adotou um tom cauteloso ao responder às solicitações de alguns países para reprimir as moedas digitais.

O Presidente do Conselho, Mark Carney, em uma <u>carta datada de 13 de março de 2018</u>, enviada aos Ministros das Finanças e aos Governadores dos Bancos Centrais do G20 antes da sua reunião em Buenos Aires em 19-20 de março, disse que:

> "A avaliação inicial do FSB é que os ativos criptográficos não

representam riscos para a estabilidade financeira global neste momento" (Carney, 2018).

Financial Action Task Force – FATF

Durante as reuniões do G20 ocorridas no ano de 2018, que iniciaram em Buenos Aires, os ministros de finanças e presidentes de bancos centrais das 20 maiores economias mundiais deixaram a cargo do **FATF (Financial Action Task Force)** a apresentação das primeiras diretrizes para regulamentação do mercado de criptomoedas e, segundo o presidente da instituição, *Marshall Billingslea*, uma proposta regulatória das criptomoedas, com padrão mundial, deve ser apresentada na reunião do G20 que ocorrerá em Bali, na Indonésia.

"É essencial que nós possamos estabelecer um conjunto global de orientações que sejam aplicadas de maneira uniforme", disse, esclarecendo que o FATF acelerou o trabalho e fez progressos significativos para alcançar "um consenso entre as nações" e acrescentou que o momento é uma "grande oportunidade" e em termos de regulação disse que "você não pode se inclinar demais em uma direção ou outra", uma vez que a blockchain, a tecnologia por trás dos ativos, "vai continuar se desenvolvendo".

As regras que serão apresentadas devem impactar, principalmente, as corretoras de criptomoedas, que podem ter que adotar as diretrizes sugeridas pela Força-Tarefa de Ação Financeira (FATF), com o objetivo de evitar que os criptoativos sejam usados em atividades envolvendo lavagem de dinheiro[76]. A instituição já havia sinalizado que iria apresentar normas para exchanges nas reuniões do G20 de julho (Gusson, 2018).

Parlamento Europeu

Um documento solicitado pela Comissão dos Assuntos Económicos e Monetários do Parlamento Europeu foi emitido em julho de 2018 (European Union, 2018).

Depois de uma visão geral das moedas virtuais, este documento aponta as implicações para as

---

[76] "Apesar dos recentes relatórios da Europol e do congresso norte-americano apontarem que o Bitcoin e as demais criptomoedas não são usadas para financiar atividades terroristas, Billingslea afirmou ainda haver preocupações com o crescente uso deste tipo de ativo por terroristas e organizações como o Estado Islâmico, além de esquemas de extorsão digital, como a feita pelo ataque virtual do WannaCry" (Gusson, 2018).

regulamentações do mercado financeiro e a política monetária (com foco na possibilidade de moedas digitais do banco central).

Considerando que o conteúdo do trabalho é muito relevante para o conteúdo deste livro, as principais prioridades do documento estão transcritas abaixo.

Pode-se distinguir entre moedas digitais ou virtuais, de um lado, e criptomoedas, de outro.

Embora as criptomoedas usem funções criptográficas nos processos de autorização ou verificação de transações, as moedas digitais incluem todas as moedas implementadas em sistemas de computador (inclusive, por exemplo, na forma de um banco de dados simples).

Criptomoedas podem, portanto, ser consideradas um caso especial de moedas digitais. Os recursos característicos incluem a ausência de uma contraparte central, acesso público não discriminatório e segurança contra gastos fraudulentos.

Atualmente, criptomoedas como Bitcoin não poderiam suplantar as moedas tradicionais em um grau significativo.

A tecnologia disponível enfrenta severas limitações relacionadas à escalabilidade. Em particular, seria extremamente difícil realizar uma parcela moderada de transações, agora realizadas via moedas tradicionais, através de criptomoedas.

Em vez de um meio de troca, os ativos criptográficos e relacionados são até agora usados principalmente como veículo para a especulação financeira.

Normalmente, as criptomoedas não são baseadas em valores subjacentes sólidos, por isso é difícil valorizá-los racionalmente. A grande volatilidade das criptomoedas parece atrair especuladores à procura de retornos sem fim. Além disso, é difícil lidar com a volatilidade desses ativos para implementar um gerenciamento de risco adequado (esse fato sustenta as altas demandas de capital como uma resposta regulatória apropriada). O fato de parecerem não estar correlacionados com os investimentos tradicionais é, portanto, difícil de explorar através de uma estratégia de cobertura.

Recentemente, vários atores tentaram contornar as regulamentações existentes sobre produtos financeiros tradicionais por meio de ativos virtuais (como moedas e tokens).

Estes incluem um número considerável de propostas de investimento "não transparentes" que parecem inadequadas aos investidores tradicionais. Além disso, nem todos os novos ativos se encaixam perfeitamente nas categorias tradicionais (por exemplo, Bitcoins é uma moeda, um veículo de investimento ou, dependendo do contexto, um pouco de ambos?). Além disso, certas práticas comerciais que são proibidas nas corretoras tradicionais de ativos (por serem uma ameaça ao funcionamento eficiente do mercado) estão em franco uso nas corretoras de criptomoedas. Alguns refinamentos e esclarecimentos regulatórios poderiam, portanto, ser úteis.

Os efeitos de uma Moeda Digital do Banco Central (CBDC) podem ser prejudiciais.

Enquanto o dinheiro, que fornece serviços valiosos como o anonimato de pagamentos, não for abolido, um CBDC não poderá reduzir muito o limite inferior efetivo das taxas de juros. A política monetária ainda seria limitada a esse respeito.

Além disso, o atual sistema bancário de reservas fracionárias seria desafiado em sua essência assim que os participantes do mercado tivessem cada vez mais liquidez nas novas contas em criptomoedas, em vez de depósitos bancários.

Para evitar a instabilidade recorrente do sistema bancário, os bancos comerciais precisariam encontrar fontes de financiamento mais confiáveis do que os depósitos.

Como o caráter de reserva fracionária do sistema bancário atual pode ser uma fonte importante de instabilidade, tal mudança disruptiva não é necessariamente um desenvolvimento ruim, mas pode finalmente abrir o caminho para um sistema financeiro mais estável.

CAPÍTULO 5 | REGULAÇÃO VS. CRIPTOMOEDAS: É POSSÍVEL REGULAR?

Introdução

Vamos usar as regras já em vigor ou precisamos de novas regras para disciplinar criptomoedas? É realmente possível implementar regulamentação para inovações tecnológicas? Quem vai definir isso? Quais são os riscos?

Os legisladores e reguladores têm muitas perguntas que precisam de respostas, e nós, como sociedade, precisamos trabalhar juntos para superar esses problemas.

Por isso, alguns pontos que merecem reflexão serão colocados sobre esse tema, a fim de contribuir para esse debate entre legisladores, reguladores e sociedade, que está apenas no começo.

Criptomoedas e as preocupações regulatórias

Os constantes alertas da mídia

A mídia tem alertado constantemente que as criptomoedas e, especialmente, os ICOs não são regulamentadas ou estão em uma zona legal (indefinida).

Para se compreender porque esses alertas são usadas com frequência pela mídia, é necessário conhecer algumas informações básicas (Bürgui, 2018) ....

Qual é o propósito de uma regulação? Por que precisamos criar leis para disciplinar algo?

Primeiro, há uma estabilidade sistêmica que a regulação do mercado financeiro tenta manter, o que significa que não estamos olhando apenas individualmente para essa ou aquela corretora, para essa ou aquela instituição ou indústria, mas olhamos para o sistema como um todo e tentamos reduzir e avaliar os riscos decorrentes de conexões existentes no sistema financeiro global.

A proteção do consumidor e do investidor, especialmente dos investidores individuais, é muito importante. Além da necessidade de se evitar comportamentos abusivos no mercado. Isto é, impedir o uso de informações privilegiadas ou informações falsas para garantir o funcionamento adequado e eficiente dos mercados financeiros. E é aí que entra a regulamentação.

Para evitar abusos e proteger os consumidores, é necessário um mínimo de regulamentação para garantir que todos os participantes do mercado (corretoras, investidores, por exemplo) sob o mesmo tipo de risco, sejam tratados de forma igual, sem discriminação.

Regular funções, não tecnologias

E aqui, outro ponto importante deve ser considerado: a neutralidade tecnológica. A tecnologia não deve ser regulamentada, mas alguma regulamentação é essencial para proteger os clientes, investidores e definir as regras do jogo no mercado financeiro. Regular funções, não tecnologias.

A intangibilidade das criptomoedas e a dificuldade de vinculação jurisdicional

Outro ponto a considerar é o fato de que os órgãos reguladores e legislativos estão aprendendo, assim como toda a comunidade de criptomoedas, a lidar com todas essas plataformas, todas essas redes.

Aqui, você vê como a natureza extraterritorial da tecnologia e a falta de vinculação jurisdicional associada às criptomoedas. Ou seja, a facilidade de transferir criptomoedas para o exterior e o fato de serem intangíveis torna muito difícil para qualquer país as regular sem trabalhar com outros governos.

Isto, sem falar que o regulador é sempre o último a perceber o que está acontecendo no mercado, e o primeiro a ser acionado quando alguém precisa de orientação.

Reguladores x Legisladores: quem cria a lei?

Ademais, vale a pena notar que os reguladores e aqueles que realmente fazem leis têm papéis diferentes no ecossistema de criptomoedas.

Quando você fala sobre regulamentação e alguém decide se estabelecer em algum setor, o regulador deve agir. Mas não é o regulador quem legisla.

Quem cria a lei são os órgãos legislativos, isto é, o parlamento, o Congresso Nacional e seus deputados e senadores.

Os reguladores, por sua vez, apenas orientam e aplicam as leis. Mas como os reguladores devem orientar e fornecer informações sobre como aplicar a lei a esse novo fenômeno das Criptomoedas e ICOs?

Inovação x Risco

Há sempre uma relação entre inovação e risco. Os reguladores costumam ser avessos ao risco, porque são o que procuram evitar, mas é importante enfatizar que a inovação deve acontecer junto com o regulador, buscando soluções construtivas para os novos desafios que surgem do mundo das criptomoedas.

É contraditório falar em regulação de criptomoedas?

Alguns argumentam que seria contraditório pensar na regulação de criptomoedas. Isto porque, elas vieram justamente para contrabalançar a interferência do governo na privacidade e política monetária dos cidadãos.

Já outros veem que a regulamentação bem elaborada, é importante para o desenvolvimento saudável do ecossistema blockchain e dos criptoativos. Veremos mais um pouco sobre este tema no capítulo 6 deste livro.

Proteção do consumidor x Liberdade individual

Reguladores de outros países dizem que faz parte do seu trabalho proteger os consumidores de novas criptomoedas duvidosas e, portanto, os reguladores costumam ser bastante cautelosos em alertar os consumidores sobre as características de alto risco e as bolhas de preço das moedas virtuais.

Vale a pena refletir, no entanto, até que ponto uma postura protetora é saudável, e em que sentido a legislação sobre criptomoedas deve intervir. Deve-se colocar a proteção do consumidor sempre à frente da liberdade individual de escolha?

A resposta, neste caso, deve oscilar, pois inúmeros fatores como nível educacional da população a ser atingida pelo legislador, tradição que prevalece no país, entre outros, merecem ser considerados.

Aqui, como exemplo de uma abordagem menos restritiva e mais a favor da liberdade individual, podemos citar a posição dos reguladores suíços que, diante do equilíbrio entre a defesa do consumidor e a liberdade individual, adotam uma postura que privilegia mais a liberdade dos cidadãos. (The Economist, 2018).

CAPÍTULO 6 | CONCLUSÃO

Tecnologias dispersas e imateriais submetem-se à regulação?

Um primeiro ponto que vale a pena considerar aqui, e como dissemos nos tópicos anteriores, é que não devemos regular as tecnologias (Revoredo, 2018).

Mas alguma regulação é essencial para proteger os clientes, investidores e definir as regras do jogo no mercado financeiro.

Leis que exigem que todos dirijam no mesmo lado da estrada podem acelerar as viagens e melhorar a segurança no trânsito, pesos padronizados e medidas tornam mais fácil e eficiente a fabricação de produtos e serviços, além de leis que proíbem os esquemas "Ponzi"[77] ajudam a

---

[77] O "Esquema Ponzi" é uma sofisticada operação de investimento em esquema de pirâmide fraudulenta que envolve o pagamento de retornos anormalmente altos ("lucros") aos investidores às custas do dinheiro

reduzir a fraude e atrair mais investidores para o mercado (Goodenough, Shrier, Hardjono, & Pentland, 2016, p. 147).

Maximizando benefícios, minimizando danos

Uma regulação das criptomoedas poderia ajudar a maximizar os benefícios e minimizar os danos, já que não é necessário regular a própria tecnologia, que é bastante discutível por sua natureza dispersa e imaterial.

Pode-se regular, no entanto, o ambiente em torno das criptomoedas, e estipular diretrizes para melhores práticas das corretoras (também conhecidas por *exchanges*).

Como exemplo, pode-se citar regras as proteger os consumidores e impor penalidades àqueles que prejudicam a confiança do público na indústria.

É claro que os governos costumam usar seu poder para proteger os interesses existentes, o que pode atrasar o avanço tecnológico, favorecendo tanto os *players* estabelecidos quanto os processos existentes.

```
pago pelos investidores posteriores, em vez da
receita gerada por qualquer negócio real. O nome do
esquema refere-se ao criminoso financeiro ítalo-
americano Charles Ponzi (ou Carlo Ponzi.
```

Existem, no entanto, formas mais flexíveis de regulamentação que favorecem boas regras.

Regras *ex ante* e regras *ex post*

Em sistemas regulatórios, as intervenções e restrições em um determinado setor podem ser divididas em dois grandes grupos: restrições e intervenções que são aplicadas antes do exercício de uma atividade (ex ante), e as restrições e intervenções ex post que se aplicam após o fato.

A intervenção mais extrema é a proibição: proibição total de uma atividade, seguida de uma penalidade civil ou penal.

Abordagens menos rigorosas incluem regulação, qualificação e supervisão, muitas vezes ligadas à demanda por melhores práticas, de modo que tais abordagens *ex ante* possam desencorajar especialmente a inovação. (Goodenough, Shrier, Hardjono, & Pentland, 2016, pp. 156-170).

O melhor caminho a seguir

Considerando o que é visto até aqui, o melhor caminho a se seguir seria uma regulamentação *ex ante* mais flexível do ecossistema das criptomoedas, que garante a adoção de padrões mínimos de qualidade ou conduta por atores do ecossistema de criptomoeda, ou um corpo autorregulador, com regulamentações de conduta resultante de um esforço conjunto entre os membros do setor e as agências reguladoras dos países.

BIBLIOGRAFIA

Alexandre, A. (2018). Uruguay to Develop Crypto Regulations, Focusing on Innovation. Fonte: Cointelegraph. Disponível em: https://cointelegraph.com/news/uruguay-to-develop-crypto-regulations-focusing-on-innovation [Acesso em Outubro de 2018]

Amsili, S. (2018). *Le gouvernement nomme un <<Monsieur Bitcoin>>*. Fonte: LesEchos. Disponível em: https://www.lesechos.fr/15/01/2018/lesechos.fr/0301151100963_le-gouvernement-nomme-un---monsieur-bitcoin--.htm#formulaire_enrichi::bouton_linkedin_inscription_article [Acesso em Maio de 2018]

Anderson, N., & Farivar, C. (2013). *How the feds took down the Dread Pirate Roberts.* Fonte: Ars Technica. Disponível em: http://arstechnica.com/tech-policy/2013/10/how-the-feds-took-down-the-dread-pirate-roberts/ [Acesso em Julho de 2014]

Australian Government - AUSTRAC. (2018). *New Australian laws to regulate cryptocurrency providers.* Fonte: Australian Government – AUSTRAC. Disponível em: http://www.austrac.gov.au/media/media-releases/new-australian-laws-regulate-cryptocurrency-providers [Acesso em Maio de 2018]

Bürgui, B. (2018). *Keynote speech: Crypto Currencies and Regulation: A Contradiction?* Fonte: Crypto Finance Conference. Disponível em: https://www.crypto-finance-conference.com/en/#pictures [Acesso em Maio de 2018]

BBC. (2017). *China orders Bitcoin exchanges in the capital city to close.* Fonte: BBC - Business Section. .Disponível em: http://www.bbc.com/news/business-41320568 [Acesso em dezembro de 2017]

Bech, M., & Garratt, R. (2017). *Central bank cryptocurrencies.* Fonte: BIS Quaterly Review. Disponível em: http://www.bis.org/publ/qtrpdf/r_qt1709f.pdf [Acesso em dezembro de 2018]

BitFlyer. (2018). *The Virtual Currency Act explained.* Fonte: bitFlyer. Disponível em: https://bitflyer.com/en-eu/virtual-currency-act (Acesso em Outubro de 2018)

Lam, E. (2018). What's the World's Central Banks Are Sayng About Bitcoin. Fonte: Bloomberg. Disponível em: https://www.bloomberg.com/news/articles/2017-12-15/what-the-world-s-central-banks-are-saying-about-cryptocurrencies [Acesso em Janeiro de 2018]

Bölle, M. d. (2018). *O que é moeda?* Fonte: *O Estado de São Paulo*, Publicado em 7/2/2018.

Bordo, M., & Levin, A. (2017). *NBER Working Papers, nº 23711, August.* Fonte: Central bank digital currency and the future of monetary policy. Disponível em: https://www.hoover.org/sites/default/files/bordo-levin_bullets_for_hoover_may2017.pdf [Acesso em Dezembro de 2017]

Borges, R. (2018). CVM Flexibiliza Regras Para Investimentos em Criptoativos. Fonte: Medium. Disponível em: *https://medium.com/@rodrigoborges_65718/cvm-flexibiliza-regras-para-investimentos-em-criptoativos-584400d395a9* [Acesso em Outubro de 2018]

BundesministeriumderFinanzen. (2018). *Bundesministerium der Finanzen.* Fonte: Bundesministerium der Finanzen. . Disponível em: http://www.bundesfinanzministerium.de/Content/DE/Downloads/BMF_Schreiben/Steuerarten/Umsatzsteuer/Umsatzsteuer-Anwendungserlass/2018-02-27-umsatzsteuerliche-behandlung-von-bitcoin-und-anderen-sog-virtuellen-waehrungen.pdf;jsessionid=41D281B5241D47C388EF2F [Acesso em Setembro de 2018]

Buntinx, J. (2018). *Australia Rolls Out New Cryptocurrency Regulation.* Fonte: NEWSBTC. Disponível em: https://www.newsbtc.com/2018/04/11/australia-rolls-new-cryptocurrency-regulations/ [Acesso em Agosto de 2018]

BusinessKorea. (2018). *S. Korea Considers Introduction of an Approval System to Open Cryptocurrency Exchange.* Fonte: BusinessKorea - Korea´s Premium Business News Portal. . Disponível em: http://www.businesskorea.co.kr/news/articleView.html?idxno=20513 [Acesso em Agosto de 2018]

Calvo, G and C Végh (1992), "Currency Substitution in Developing Countries: An Introduction", Fonte: IMF Working Paper 92/40.

Carney, M. (2018) A letter from FSB Chair Mark Carney to G20 Finance Ministers and Central Bank Governors . Fonte: FSB – Financial Stability Board. Disponível em: http://www.fsb.org/wp-content/uploads/P180318.pdf [Acesso em Abril de 2018]

CBN – CENTRAL BANK OF NIGERIA, C. B. (2018). *Central Bank Of Nigeria.* Fonte: Central Bank Of Nigeria. Disponível em: http://www.cbn.gov.ng/Out/2018/CCD/Press%20Release

%20on%20Virtual%20Currencies.pdf [Acesso em Setembro de 2018]

Cheng, E. (2018). *The SEC just made it clearer that securities laws apply to most cryptocurrencies and exchanges trading them.* Fonte: CNBC. . Disponível em: https://www.cnbc.com/2018/03/07/the-sec-made-it-clearer-that-securities-laws-apply-to-cryptocurrencies.html [Acesso em Setembro de 2018]

Choudhary, S. (2017). *Sebi, RBI engage in turf war over Bitcoin regulation.* Fonte: Business Standard. .Disponível em: http://www.business-standard.com/article/economy-policy/sebi-rbi-engage-in-turf-war-over-bitcoin-regulation-117072101202_1.html [Acesso em Janeiro de 2018]

Christin, N. (2012). *Traveling the Silk Road: A measurement analysis of a large anonymous online marketplace.* Fonte: Cornell University Library. Disponível em: https://arxiv.org/abs/1207.7139 [Acesso em janeiro de 2014]

CNBC. (2018). *Asia Top News and Analysis | South Korea.* Fonte: CNBC. Disponível em: https://www.cnbc.com/south-korea/ [Acesso em setembro de 2018]

Coindesk. (2017). *France Wants G20 Natins to Discuss Bitcoin Regulation*. Fonte: . Disponível em: https://www.coindesk.com/france-wants-g20-nations-discuss-bitcoin-regulation/

CoinMarketCap. (2018). *Cryptocurrency Market Capitalizations*. Fonte: CoinMarketCap. . Disponível em: https://coinmarketcap.com/all/views/all/ [Acesso em setembro de 2018]

CONGRESSO DOS ESTADOS UNIDOS DA AMÉRICA. (2018). *The 2018 Joint Economic Report*, pg. 201-227. Fonte: Congresso dos Estados Unidos da América. Disponível em: https://www.congress.gov/115/crpt/hrpt596/CRPT-115hrpt596.pdf [Acesso em Março de 2018]

CVA – Crypto Valley Association. (2017). *Crypto Valley: About Us*. Fonte: Crypto Valley. . Disponível em: https://cryptovalley.swiss/about-the-association/ [Acesso em Agosto de 2018]

CVM - Comissão de Valores Mobiliários. (2012). *Deliberação CVM 680 de 2012*. Fonte: CVM. .Disponível em: http://www.cvm.gov.br/legislacao/deliberacoes/anexos/0600/deli680.doc [Acesso em Setembro de 2018]

CVM - Comissão de Valores Mobiliários. (2017). *Oferta irregular – cotas de mineração de Bitcoin.* Fonte: CVM. . Disponível em: http://www.cvm.gov.br/noticias/arquivos/2017/20171219-2.html [Acesso em Dezembro de 2017]

DD News. (2018). *Bitcoin might be legal very soon in India - By Mr Arun Jaitley, Finance Minister of India.* Fonte: Youtube - Ashish Mishra. Disponível em: https://twitter.com/zebpay/status/959313027257348096 [Acesso em Fevereiro de 2018]

De Filippi, P (2017). *What Blockchain Means for the Sharing Economy.* Fonte: Harvard Business Review.

De Filippi, P., & Wright, A. (2018). *Blochchain and the law: The Rule of Code.* Fonte: Cambridge Massachutts: Harvard University Press.

DEPARTMENT OF FINANCIAL SERVICES - NEW YORK STATE. (2015). *Title 23. Department Of Financial Services. Part 200. Virtual Currencies.* Fonte: New York Codes, Rules and Regulations. Revised Virtual Currencies Regulation - Final Clean. Disponível em: https://www.dfs.ny.gov/legal/regulations/adoptions/dfsp200t.pdf [Acesso em Setembro de 2016]

Divya, J. (2017). *How the laws & regulation affecting blockchain technology can impact its adoption.* [online] Fonte: Business Insider. Disponível em:

http://www.businessinsider.com/blockchain-cryptocurrency-regulations-us-global-2017-10 [Acesso em Setembro de 2017]

Drake, D. (2018). *Will Regulation Legitimize Cryptocurrency Exchanges?* [online] Fonte: Ldjcapital.com. Disponível em: http://www.ldjcapital.com/single-post/2018/01/05/Will-Regulation-Legitimize-Cryptocurrency-Exchanges [Acesso em Setembro de 2018]

Duarte, E. (2018). *Spanish Party Weighs Tax Incentives to Lure Blockchain Firms.* [online] Fonte: Bloomberg.com. Disponível em: https://www.bloomberg.com/news/articles/2018-02-15/rajoy-s-party-weighs-tax-breaks-for-spanish-blockchain-companies [Acesso em Outubro de 2018].

ECO PT (2017). Hélder Rosalino: A bitcoin "não é uma moeda". Fonte: ECO Economia online. Disponível em: https://eco.pt/2017/11/07/helder-rosalino-a-bitcoin-nao-e-uma-moeda/ [Acesso em Setembro de 2018]

EUROPEAN UNION, The European Parliament's Committee on Economic and Monetary Affairs, Policy Department for Economic, Scientific and Quality of Life Policies. In: Virtual Currencies: Monetary Dialogue, July 2018. The European Parliament, on June 2018.

Faife, C. (2018). *Canada Is Gearing Up to Regulate Cryptocurrency.* Fonte: MOTHERBOARD. Disponível em: https://motherboard.vice.com/en_us/article/d358zk/canada-is-gearing-up-to-regulate-cryptocurrency-parliament-hearing [Acesso em Março de 2018]

Fatás, A., & Di Mauro, B. W. (2018). Cryptocurrencies' challenge to central banks. Access on Fonte: VOX CEPR Policy Portal. Disponível em: https://voxeu.org/article/cryptocurrencies-challenge-central-banks [Acesso em Maio de 2018]

Fernández-Villaverde, J and D Sanches (2016), "*Can Currency Competition Work?*", Fonte: CEPR Discussion Paper 11095. [Acesso em agosto de 2017]

Fobe, N. J. (2016). *O Bitcoin como moeda paralela.* Fonte: Digital Law Library FGV. Disponível em: http://bibliotecadigital.fgv.br/dspace/bitstream/handle/10438/15986/2016.03.22_Dissertação_Nicole_Fobe_Versão%20Protocolo.pdf?sequence=3&isAllowed=y [Acesso em Agosto de 2017]

FSC - Financial Services Commission of South Korea. (2018). *Mandatory Disclosure of Corporate Governance to be Phased in from 2019.* Fonte: Financial Services

Commission. Disponível em: http://www.fsc.go.kr/eng/new_press/releases.jsp?menu=01&bbsid=BBS0048&selYear=2018#34502 [Acesso em Setembro de 2018]

Galhau, F. V. (2017). *Déclaration de François Villeroy de Galhau, gouverneur de la Banque de France Pékin, 1er décembre 2017 Bitcoin.* Fonte: BANQUE DE FRANCE - EUROSYSTÈME. Disponível em: https://www.banque-france.fr/sites/default/files/medias/documents/declaration_francois_villeroy_de_galhau_-_bitcoin_-_fr.pdf [Acesso em Dezembro de 2017]

GIBRALTAR FINANCIAL SERVICES COMMISSION. (2017). *Statement on Initial Coin Offerings.* Fonte: GFSC - GIBRALTAR FINANCIAL SERVICES COMMISSION. Disponível em: http://www.gfsc.gi/news/statement-on-initial-coin-offerings-250 [Acesso em Setembro de 2017]

Goodenough, O., Shrier, D., Hardjono, T., & Pentland, A. (2016). Frontiers of Financial Technology. Policy & Fintech: How Regulators Think About Financial Innovation And How Financial Innovators Think about Regulation. San Bernardino, CA: David Shrier and Alex Pentland.

GOOGLE. (2017). *Pesquisas do ano 2017.* Access on March 02 2018, Fonte: Google Trends. Disponível em:

https://trends.google.com/trends/yis/2017/GLOBAL/ [Acesso em Dezembro de 2017]

GOVERNMENT OF AUSTRALIA. (2017). *Banking innovation and FinTech - Australia as the innovation and FinTech nation.* Fonte: Budget 2017. Disponível em: http://www.budget.gov.au/2017-18/content/glossies/factsheets/html/FS_innovation.htm [Acesso em Janeiro de 2018]

GOVERNMENT OF GIBRALTRAR. (2012). THIRD SUPPLEMENT TO THE GIBRALTAR B. 20/17 GAZETTE - BILL FOR AN ACT to amend the Financial Services (Investment and Fiduciary Services) Act. Fonte: Gibraltar's Laws. Disponível em: http://www.gibraltarlaws.gov.gi/bills/bills2017/2017B20.pdf [Acesso em Novembro de 2013]

GOVERNMENT OF INDIA. (2017). Government constitutes an Inter- Disciplinary Commitee chaired by Special Secretary (Economic Affairs) to examine the existing framework with regard to Virtual Currencies. Fonte: Press Information Bureau - Government of India - Ministry of Finance. Disponível em: http://pib.nic.in/newsite/PrintRelease.aspx?relid=160923 [Acesso em Dezembro de 2017]

Greenberg, A. (2013). *'Silk Road 2.0' Launches, Promising A Resurrected Black Market For The Dark*

Web. Acesso em 20 de Janeiro de 2018, Fonte: FORBES. Disponível em: https://www.forbes.com/sites/andygreenberg/2013/11/06/silk-road-2-0-launches-promising-a-resurrected-black-market-for-the-dark-web/#47c65c195714 [Acesso em Janeiro de 2014]

Groendahl, B. (2018). *Austria Eyes Bitcoin Rules Based on Gold, Derivatives*. Fonte: Bloomberg. Disponível em: https://www.bloomberg.com/news/articles/2018-02-23/austria-seeks-bitcoin-rules-based-on-gold-derivatives-controls [Acesso em Agosto de 2018]

Gupta, K. (2018). *Govt plans framework to regulate cryptocurrencies by fiscal year-end*. Fonte: LiveMint. Disponível em: http://www.livemint.com/Politics/58AmAqm5fctlNVrQU06BFP/Govt-plans-framework-to-regulate-cryptocurrencies-by-fiscal.html?utm_content=buffer739bc&utm_medium=social&utm_source=linkedin.com&utm_campaign=buffer [Acesso em Setembro de 2018]

Gusson, C. (2018). Regras Globais para Bitcoin e Criptomoedas serão apresentadas em outubro. Fonte: Criptomoedas Fácil. Disponível em: https://www.criptomoedasfacil.com/regras-globais-para-bitcoin-e-criptomoedas-serao-apresentadas-em-outubro/ [Acesso em Setembro de 2018]

Haig, S. (2017). *Gibraltar Paves Way for Regulation of Crypto and DLT Companies.* Fonte: Bitcoin.com. Disponível em: https://news.bitcoin.com/gibraltar-paves-way-for-regulation-of-crypto-and-dlt-companies/ [Acesso em Dezembro de 2017]

Hajdarbegovic, N. (2014). *Danish Central Bank Compares Bitcoins to 'Glass Beads'.* Fonte: Coindesk. Disponível em: https://www.coindesk.com/danish-national-bank-compares-bitcoins-glass-beads/ [Acesso em Dezembro de 2014]

Higgins, S. (2017). *US Lawmakers Seek Tax Exemption for Bitcoin Transactions Below $600.* Fonte: CoinDesk. Disponível em: https://www.coindesk.com/us-lawmakers-seek-tax-exemption-bitcoin-transactions-600/ [Acesso em Setembro de 2017]

Hsu, S. (2018). *China Serious About Ending ICOs, Cryptocurrency Exchanges.* Fonte: FORBES. Disponível em: https://www.forbes.com/sites/sarahsu/2018/02/07/china-serious-about-ending-icos-cryptocurrency-exchanges/#6dc941e75675 [Acesso em Fevereiro de 2018]

Investopedia. (2018). *Commodity Futures Trading Commission - CFTC*. Fonte: Investopedia. Disponível em: https://www.investopedia.com/terms/c/cftc.asp [Acesso em setembro de 2018]

Investopedia. (2018). *Exchange-Traded Fund (ETF): Definition of Exchange-Traded Funf (ETF)*. Fonte: Investopedia. Disponível em: https://www.investopedia.com/terms/e/etf.asp [Acesso em outubro de 2018]

Investopedia. (2018). *Initial Coin Offering (ICO)*. Fonte: Investopedia. Disponível em: https://www.investopedia.com/terms/i/initial-coin-offering-ico.asp [Acesso em Outubro de 2018]

Itsynergis. (2017). *Legal Status of cryptocurrencies (digital-money) - Russian experience*. Fonte: ItSynergis. Disponível em: http://itsynergis.ru/assets/docs/legal_status_cryptocurrency_in_World.pdf [Acesso em Novembro de 2017]

James, A. (2018). *Spain seeks to pass crypto-friendly legislation*. Fonte: Bitcoinist. Disponível em: http://bitcoinist.com/spain-seeks-pass-crypto-friendly-legislation/ [Acesso em Agosto de 2018]

Jekinson, G. (2018). *Africa do Sul e a cripto – uma abordagem conservadora otimista*. Fonte: Cointelegraph. Disponível em: https://br.cointelegraph.com/news/south-africa-and-crypto-a-conservatively-optimistic-approach [Acesso em Outubro de 2018]

Jia, C. (2018). *China to ban initial coin offerings*. Fonte: CHINA DAILY. Disponível em: http://usa.chinadaily.com.cn/a/201802/06/WS5a78f237a3106e7dcc13af36.html [Acesso em Fevereiro de 2018]

Kim, C., & Kim, D. (2018). *South Korea Plans To Ban Cryptocurrency Trading, Rattles Market*. Fonte: Reuters. Disponível em: https://www.reuters.com/article/us-southkorea-bitcoin/south-koreas-major-cryptocurreny-exchanges-raided-by-police-tax-authorities-idUSKBN1F002B [Acesso em Janeiro de 2018]

Lam, E. (2017). *What the World's Central Banks Are Saying About Bitcoin*. Fonte: BLOOMBERGY Technology. Disponível em: https://www.bloomberg.com/news/articles/2017-11-26/what-the-world-s-central-banks-are-saying-about-cryptocurrencies [Acesso em Dezembro de 2017]

Lielacher, Alex. (2018). *Getting real – Why SEC approval of a Bitcoin ETF remains a huge hurdle*. Fonte: Brave NewCoin. Disponível em: https://bravenewcoin.com/news/getting-real-why-secapproval-of-a-bitcoin-etf-remains-a-huge-hurdle/ [Acesso em Agosto de 2018]

Lisk Academy. (2018). *Benefits of blockchain: what is decentralization.* Fonte: in Lisk. Disponível em: https://lisk.io/academy/blockchain-basics/benefits-of-blockchain/what-is-decentralization [Acesso em Junho de 2018]

Loban, R. (2018). *Dealing with cryptocurrencies in Estonia - regulations and authorisation.* Fonte: HANDELSHAUS TALLINN - ESTONIA. Disponível em: https://hshaus.com/dealing-cryptocurrencies-estonia-regulations-authorisation/ [Acesso em Agosto de 2018]

Long, C. (2018). *Twitter: Today's update on the #Wyoming #blockchain #bills from the legislative session.* Fonte: Twitter. Disponível em: https://twitter.com/CaitlinLong_/status/963899114210476032 [Acesso em Fevereiro de 2018]

Long, G. (2018). US bans trade in Venezuela's digital currency President: Nicolás Maduro launched the petro to skirt Washington's sanctions. Fonte: FINANCIAL TIMES. Disponível em: https://www.ft.com/content/2d2086ee-2ba0-11e8-9b4b-bc4b9f08f381 [Acesso em Março de 2018]

Malviya, H. (2018). *India is not Banning Cryptocurrencies - Stop the FUD.* Fonte: ItsBlockchain. Disponível em: https://itsblockchain.com/india-not-banning-cryptocurrencies-stop-fud/ [Acesso em Fevereiro de 2018]

Megaw, N. (2018). *Cryptocurrencies - France and Germany join calls for global bitcoin clampdown.* Fonte: FINANCIAL TIMES. Disponível em: https://www.ft.com/content/03511abe-0d86-11e8-839d-41ca06376bf2 [Acesso em Fevereiro de 2018]

Menon, R. (2018). *Singapore sounds cautious note on cryptocurrencies.* Source: FINANCIAL TIMES. Disponível em: https://www.ft.com/content/2d433cda-f54e-11e7-8715-e94187b3017e [Acesso em Janeiro de 2018]

Meyer, D. (2017). *South Korea Follows China By Banning ICOs.* Fonte: FORTUNE. Disponível em: http://fortune.com/2017/09/29/south-korea-china-bitcoin-ethereum-icos-ban/ [Acesso em Setembro de 2017]

MINISTRY OF FINANCE OF RUSSIAN FEDERATION. (2018). *Projeto de lei federal "Sobre ativos financeiros digitais".* Fonte: Ministério das Finanças -site Oficial da Federação Russa (Информация официального сайта Министерства финансов Российской) . Disponível em:

https://www.minfin.ru/ru/document/?id_4=121810
[Acesso em Janeiro de 2018]

MINISTRY OF FINANCE OF GOVERNMENT OF INDIA. (2017). *Government Cautions People Against Risks in Investing in Virtual 'Currencies'; Says VCs are like Ponzi Schemes.* Fonte: Press Information Bureau. Disponível em: http://pib.nic.in/newsite/PrintRelease.aspx?relid=174985
[Acesso em Dezembro de 2017]

Morales, Y. (2017). *Criptomoedas: Carstens rechaza el bitcoin como moneda virtual; no tiene respaldo del banco central.* Fonte: EL ECONOMISTA. Disponível em: https://www.eleconomista.com.mx/economia/Carstens-rechaza-el-bitcoin-como-moneda-virtual-no-tiene-respaldo-del-banco-central-20170823-0108.html [Acesso em Agosto de 2017]

Murphy, H., & Keohane, D. (2018). *France plans rules to lure cryptocurrency business (Legislation would give stamp of approval to initial coin offerings).* Fonte: FINANCIAL TIMES. Disponível em: https://www.ft.com/content/2e7b2778-2d22-11e8-9b4b-bc4b9f08f381 [Acesso em Outubro de 2018]

Negócios (2017). *Bitcoins não são legais mas podem ter de pagar impostos.* Fonte: Negócios - Mercados. Disponível em:

https://www.jornaldenegocios.pt/mercados/detalhe/bitcoins-nao-sao-legais-mas-podem-ter-de-pagar-impostos [Acesso em Fevereiro de 2018].

Nerdologia (2016). *Deep Web e Dark Web*. Disponível em: https://youtu.be/yeLjR6XekGc [Acesso em abril de 2017)

News - Denmarks National Bank. (2017). *CENTRAL BANK DIGITAL CURRENCY WOULD NOT RESULT IN BETTER PAYMENT SOLUTIONS*. Fonte: Denmarks NationalBank. Disponível em: https://www.nationalbanken.dk/en/publications/Documents/2017/12/News_Central%20bank%20digital%20currency%20would%20not%20result%20in%20better%20payment%20solutions.pdf [Acesso em Dezembro de 2017]

Norrie, J., & Moses, A. (2011). *Drugs bought with virtual cash*. Acesso em 12 de janeiro de 2018, Fonte: The Sydney Morning Herald. Disponível em: https://www.smh.com.au/technology/drugs-bought-with-virtual-cash-20110611-1fy0a.html [Acesso em Dezembro de 2013]

Saïd Business School - University of Oxford (2018), *Oxford Blockchain Strategy Programme*. Fonte: Saïd Business School. Disponível em: https://www.sbs.ox.ac.uk/programmes/oxfordblockchain-strategy-programme [Acesso em maio de 2018].

PARLIAMENTARY SECRETARIAT FOR FINANCIAL SERVICES, DIGITAL ECONOMY AND INNOVATION. (2018). *Malta – A Leader in DLT Regulation*. Fonte: Office of the Prime Minister. Disponível em: https://www.fff-legal.com/wp-content/uploads/2018/02/FSDEI-DLT-Regulation-Document.pdf [Acesso em Agosto de 2018]

Perez, Y. B. (2015). *Nigeria's Central Bank Calls for Bitcoin Regulation*. Access on March 02 2018, Fonte: CoinDesk. Disponível em: https://www.coindesk.com/nigerias-central-bank-calls-for-bitcoin-regulation/ [Acesso em Dezembro de 2015]

Powell, J. H. (2017). *Speech: Innovation, Technology, and the Payment System - At Blockchain: The Future of Finance and Capital Markets*. Fonte: THE FEDERAL RESERVE. Disponível em: https://www.federalreserve.gov/newsevents/speech/powell20170303a.htm [Acesso em Março de 2017]

QUARTZAFRICA. (2018). *Nigeria's lawmakers think bitcoin is on big financial scam*. Access on March 02 2018, Fonte: QuartzAfrica. Disponível em:https://qz.com/1194006/bitcoin-in-nigeria-senate-warns-against-cryptocurrencies/ [Acesso em janeiro de 2018]

Quintenz, B. (2018). *CFTC Commissioner Brian Quintenz talks about regulating cryptocurrencies.* Fonte: CNBC. Disponível em: https://www.cnbc.com/video/2018/03/07/republican-cftc-commissioner-on-crypto-regulation.html [Acesso em Março de 2018]

RBI - Reserve Bank of India. (2013). *RBI - Press Releases.* Fonte: Reserve Bank of India - India's Central Bank. Disponível em: https://www.rbi.org.in/scripts/BS_PressReleaseDisplay.aspx?prid=30247 [Acesso em Dezembro de 2013]

RBI - Reserve Bank of India. (2017). *Reserve Bank of India - Press Releases.* Fonte: Reserve Bank of India - India's Central Bank. Disponível em: https://rbi.org.in/scripts/BS_PressReleaseDisplay.aspx?prid=42462 [Acesso em Dezembro de 2018]

Reiff, Nathan. (2018). *Bitcoin ETFs Explained*, Fonte: Investopedia. Disponível em: https://www.investopedia.com/investing/bitcoin-etfs-explained/ [Acesso em Agosto de 2018]

REUTERS. (2018). *China prepares fresh ICO rules, eyes overseas plataforms: China Daily.* Fonte: Reuters. Disponível em: https://www.reuters.com/article/us-china-bitcoin/china-prepares-fresh-ico-rules-eyes-overseas-platforms-china-daily-idUSKBN1FQ00U [Acesso em Fevereiro de 2018]

REUTERS. (2018). *Mexico financial technology law passes final hurdle in Congress.* Fonte: Reuters. Disponível em: https://www.reuters.com/article/us-mexico-fintech/mexico-financial-technology-law-passes-final-hurdle-in-congress-idUSKCN1GD6KX [Acesso em Março de 2018]

REUTERS. (2018). *Singapore explores rules to protect investors in cryptocurrencies.* Fonte: Reuters. Disponível em: https://www.reuters.com/article/us-singapore-cryptocurrency/singapore-explores-rules-to-protect-investors-in-cryptocurrencies-idUSKCN1GD3OL [Acesso em Março de 2018]

REUTERS. (2017). *French finance minister calls for bitcoin regulation debate at G20.* Fonte: Reuters. Disponível em: https://www.reuters.com/article/uk-markets-bitcoin-g20/french-finance-minister-calls-for-bitcoin-regulation-debate-at-g20-idUSKBN1EB0SZ [Acesso em Abril de 2018]

REUTERS. (2017). *SNB'S Jordan sees crypto currencies as more of investment than currency.* Fonte: REUTERS. Disponível em: https://www.reuters.com/article/us-swiss-snb/snbs-jordan-sees-crypto-currencies-as-more-ofinvestment-than-currency-idUSKBN1DN1ZM [Acesso em Dezembro de 2017]

Revoredo, T. (2018). Blockchain e seu potencial de criar modelos de negócios ainda inimagináveis. Fonte: Global Blockchain Strategy. Disponível em: https://medium.com/global-blockchain-strategy/blockchain-e-seu-potencial-de-impactar-a-sociedade-e-criar-modelos-de-negócio-ainda-inimagináveis-c0cf84bca31d [Acesso em Agosto de 2018]

Revoredo, T. (2018). *Blockchain vs. DLTs: Brief comparative analysis of its underlying resources.* Fonte: Coinmonks. Disponível em: https://medium.com/coinmonks/blockchains-vs-dlts-8fe03df39737 [Acesso em Agosto de 2018]

Revoredo, T. (2018) *Criptomoedas: análise comparativa com moeda eletrônica e moeda estrangeira.* Fonte: Criptomoedas Fácil. Disponível em: https://www.criptomoedasfacil.com/criptomoedas-analise-comparativa-com-moeda-eletronica-e-moeda-estrangeira/ [Acesso em Outubro de 2018]

Revoredo, T. (2017). *Criptomoedas: cenário global e tendências.* Access in February 2018, Fonte: JOTA.

Disponível em: https://www.jota.info/opiniao-e-analise/artigos/criptomoedas-cenario-global-e-tendencias-27102017 [Acesso em Novembro de 2017]

Revoredo, T. (2018). *Era uma vez... a origem das criptomoedas. Quando realmente tudo começou.* Fonte: BlockchainBR. Disponível em: https://medium.com/blockchainbr/era-uma-vez-a-origem-das-criptomoedas-ea7bc0ce6ebc [Acesso em Outubro de 2018]

Revoredo, T. (2018). *In Blockchain, We Trust: conheça o novo guardião da confiança.* Access on August 31 2018, Fonte: Criptomoedas Fácil. Disponível em: https://www.criptomoedasfacil.com/in-blockchain-we-trust-conheca-o-novo-guardiao-da-confianca/ [Acesso em Outubro de 2018]

Revoredo, T. (2017). Legal "Status" of Cryptocurrencies in Brazil: Current regulatory regime and legal framework of cryptocurrencies – Brazilian experience. Fonte: Medium: https://medium.com/@tatianarevoredo/legal-status-of-cryptocurrencies-in-brazil-273b712a0e50 [Acesso em Novembro de 2017]

Revoredo, T. (2018). *Os desafios da escalabilidade do Blockchain. Blockchains podem escalar e manter seu caráter distribuído?* Fonte: Global Blockchain Strategy. Disponível em: https://medium.com/global-blockchain-strategy/os-desafios-da-escalabilidade-do-blockchain-77e0587ddacb [Acesso em Setembro de 2018)

Revoredo, T. (2018). *Reflexões sobre a regulação de novas tecnologias.* Fonte: JOTA. Disponível em: https://www.jota.info/opiniao-e-analise/artigos/reflexoes-sobre-regulacao-de-novas-tecnologias-13012018#sdendnote4anc [Acesso em Fevereiro de 2018]

Rocha, L. (2018). Hashcash: como Adam Back projetou o motor do Bitcoin. Fonte: Criptomoedas Fácil. Disponível em: https://www.criptomoedasfacil.com/hashcash-como-adam-back-projetou-o-motor-do-bitcoin/ [Acesso em Agosto de 2018]

Rocha, L. (2018). *eCash: como a criação de David Chaum deu início ao sonho cypherpunk.* Fonte: Criptomoedas Fácil. Disponível em: https://www.criptomoedasfacil.com/ecash-como-a-criacao-de-david-chaum-deu-inicio-ao-sonho-cypherpunk/ [Acesso em Agosto de 2018]

Rocha, L. (2018). Wei Dai: como seu B-Money inspirou a criação do Bitcoin. Fonte: Criptomoedas Fácil. Disponível em: https://www.criptomoedasfacil.com/wei-dai-como-o-seu-b-money-inspirou-a-criacao-do-bitcoin/ [Acesso em Agosto de 2018]

Rooney, K. (2018). Your guide to cryptocurrency regulations around the world and where they are headed. Fonte: CNBC. Disponível em: https://www.cnbc.com/2018/03/27/a-complete-guide-to-cyprocurrency-regulations-around-the-world.html [Acesso em Abril de 2018]

Rosic, A. (2017). *What is a cryptocurrency exchange?* Source: Blockgeeks. Disponível em: https://blockgeeks.com/guides/best-cryptocurrency-exchanges/ [Acesso em Dezembro de 2017]

Rubin, E. (February 26 2018). *לאפשר חייב לאומי :העליון הבנק בחשבון בביטקוין מסחר*. Fonte: The Marker. Disponível em: https://www.themarker.com/markets/digital-coins/1.5850128 [Acesso em Fevereiro de 2018]

Sanchez, E. (2018). Malta determinada a tornar-se a Ilha Blockchain: regulamentos, adoção, sede da Binance. Fonte: Cointelegraph. Disponível em: https://br.cointelegraph.com/news/malta-determined-to-become-the-blockchain-island-regulations-adoption-binance-headquarters [Acesso em Maio de 2018]

Satoshi Nakamoto Institute. (2008). *E-mails | Satoshi Nakamoto Institute*. [online] Disponível em: https://satoshi.nakamotoinstitute.org/emails/ [Acesso em 20 de Dezembro de 2013].

Scheer, S. (December 12 2017). *Bitcoin firms won't be included in Israel share indexes: regulator.* Fonte: REUTERS. Disponível em: https://www.reuters.com/article/us-markets-bitcoin-israel/bitcoin-firms-wont-be-included-in-israel-share-indexes-regulator-idUSKBN1E61PN [Acesso em Fevereiro de 2018]

Schiavon, G. (October 16 2017). *ENTENDA DE UMA VEZ POR TODAS O QUE É MOEDA CRIPTOGRAFADA.* Fonte: Foxbit. Disponível em: https://blog.foxbit.com.br/entenda-de-uma-vez-por-todas-o-que-e-moeda-criptografada/ [Acesso em Março de 2018]

Schneider-Ammann, J. (2018). *Keynote Speech by Swiss Federal Councillor Johann Schneider-Ammann.* Fonte: Crypto Finance Conference. Disponível em: https://www.crypto-finance-conference.com/en [Acesso em janeiro de 2018]

Schwarz, M. (2018). *Comment: Why cryptocurrencies are so popular in Estonia.* Fonte: INTERNATIONAL INVESTMENT. Disponível em: http://www.internationalinvestment.net/opinion/comment-cryptocurrencies-popular-estonia/ [Acesso em Abril de 2018]

Schweikert, D., & Polis, J. (2017). A Bill to amend the Internal Revenue Code of 1985 to exclude from gross income de minimus gains from certain sales or exchanges of virtual currency, and for the other purpose. Fonte: CoinCenter. Disponível em: https://coincenter.org/pdf/CTFA.pdf [Acesso em agosto de 2017].

SECNigeria. (2017). *Public Note on Investiments in Cryptocurrencies and other Virtual or Digital Currencies.* Access on March 02 2018, Fonte: SEC NIGERIA. Disponível em: http://sec.gov.ng/public-notice-on-investments-in-cryptocurrencies-and-other-virtual-or-digital-currencies/ [Acesso em Janeiro de 2017].

Sharma, D. (2018). *BTCXIndia, ETHEXIndia to halt cryptocurrency trading from March 5.* Fonte: The Economic Times. Disponível em: https://economictimes.indiatimes.com/wealth/personal-finance-news/btcxindia-ethexindia-to-halt-cryptocurrency-trading-from-march-5/articleshow/63110237.cms [Acesso em Fevereiro de 2018]

Sheridan, E. (2018). *BOJ says: "Let's think about cryptocurrencies!".* Fonte: Forex Live. Disponível em: https://www.forexlive.com/cryptocurrency/!/boj-says-lets-think-about-cryptocurrencies-20180403 [Acesso em Abril de 2018]

Sil, Y. (2018). *S. Korea Considers Introduction of an Approval System to Open Exchange*. Fonte: Business Korea. Disponível em: http://www.businesskorea.co.kr/news/articleView.html?idxno=20513 [Acesso em Fevereiro de 2018]

Suberg, W. (2018). *Japan: Only 0,16% of 2017 Money Laundering Reports Came from Crypto Exchanges*. Access in February 2018, Fonte: Cointelegraph, The future of money. Disponível em: https://cointelegraph.com/news/japan-only-016-of-2017-money-laundering-reports-came-from-crypto-exchanges [Accesso em Fevereiro de 2018]

Takeo, Y. (2018). *Japan's Central Bank Wants You to Be Wary of Cryptocurrencies*. Fonte: Bloomberg Technology. Disponível em: https://www.bloomberg.com/news/articles/2018-04-02/japan-s-central-bank-wants-you-to-be-wary-of-cryptocurrencies [Acesso em Abril de 2018]

Tar, A. (2017). *Digital Currencies vs. Cryptocurrencies, Explained*. Fonte: Cointelegraph. Disponível em: https://cointelegraph.com/explained/digital-currencies-vs-cryptocurrencies-explained [Acesso em Fevereiro de 2017]

The Central Council For Financial Services Information. (2018). *Let's talk about cryptocurrencies!* Fonte:

NIPPON GINKO. Disponível em: https://www.shiruporuto.jp/public/document/container/kasotsuka/ [Acesso em Setembro de 2018]

The Economist. (2018). *Tales from the crypto-nation: A banking centre seeks to reinvent itself.* Fonte: The Economist - Finance and economics section. Disponível em: https://www.economist.com/news/finance-and-economics/21737255-switzerland-embraces-digital-currencies-and-crypto-entrepreneurs-banking-centre [Acesso em Fevereiro de 2018]

THE G20 COMMUNIQUEÉ. (2018). *Communiqué Annex Finance Ministers & Central Bank Governors.* Fonte: The G20 Communiqué. Disponível em: http://www.g20.utoronto.ca/2018/2018-03-30-g20_finance_annex-en.pdf [Acesso em Março de 2018]

The Hindu. (2017). *SC seeks govt's response on plea to regulate Bitcoin.* Fonte: THE HINDU. Disponível em: http://www.thehindu.com/news/national/sc-seeks-govts-response-on-plea-to-regulate-bitcoin/article20445197.ece [Acesso em Novembro de 2017]

The Straits Times. (2018). *Japan punishes crypto exchanges after hack.* Fonte: THE STRAITS TIMES. Disponível em: https://www.straitstimes.com/business/companiesmarkets/japan-punishes-crypto-exchanges-after-hack [Acesso em Março de 2018]

THE UNITED STATES OF AMERICA, United States Senate Committee Hearing about Virtual Currencies. (2018). Full Committee Hearing - Virtual Currencies: The Oversight Role of hte U.S. Securities and Exchange Commission and the U.S. Commodity Futures Trading Commission. Fonte: UNITED STATES COMMITTEE ON BANKING, HOUSING, AND URBAN AFFAIRS. Disponível em: https://www.banking.senate.gov/hearings/virtual-currencies-the-oversight-role-of-the-us-securities-and-exchange-commission-and-the-us-commodity-futures-trading-commission [Acesso em Fevereiro de 2018]

Thomson, G. (2018). Argentina – A Host Nation for Cryptocurrency. Fonte: Cryptocoin News. Disponível em: https://cryptocoin.news/analysis/argentina-a-host-nation-for-cryptocurrency-16066/ [Acesso em Junho de 2018]

Ulrich, F. In: "Discurso proferido em Brasília, na Audiência pública de 5/7/2017". Fonte: Youtube. Disponível em: https://www.youtube.com/watch?v=2GxaPkoHNv4&feature=youtu.be. [Accesso em Outubro de 2017]

Vietnna.AT. (2018). *Finanzminister Löger will kryptowährunger strenger regeln.* Fonte: VIENNA ONLINE. Disponível em: http://www.vienna.at/finanzminister-loeger-will-kryptowaehrungen-strenger-regeln/5680615 [Acesso em Fevereiro de 2018]

VNA - Vietnam Business. (2017). *Government considers recognising bitcoin in Vietnam.* Fonte: VNA - Vietnam Business. Disponível em: https://en.vietnamplus.vn/government-considers-recognising-bitcoin-in-vietnam/116916.vnp [Acesso em Agosto de 2017]

Walton, J. B. (2014). *Cryptocurrency Public Policy Analysis.* Fonte: Virginia Commonwealth University. Disponível em: https://ssrn.com/abstract=2708302 [Acesso em dezembro de 2014]

Weiser, B. (2015). *Ross Ulbricht, Creator of Silk Road Website, Is Sentenced to Life in Prison.* Access on January 20 2018, Fonte: THE NEW YORK TIMES. Disponível em: https://www.nytimes.com/2015/05/30/nyregion/ross-ulbricht-creator-of-silk-road-website-is-sentenced-to-life-in-prison.html [Acesso em maio de 2015]

Whitehouse, K. (2015). *'Bitlicense' rules regulating bitcoin released.* Fonte: USA TODAY. Disponível em:

https://www.usatoday.com/story/tech/2015/06/03/bitcoin-bitlicense-lawsky-rules-final/28405317/ [Acesso em Junho de 2015]

Wikipedia - A enciclopedia livre. (2018). *Mainstream*. Fonte: WIKIPEDIA - A enciclopedia livre. Disponível em: https://pt.wikipedia.org/wiki/Mainstream [Acesso em março de 2018]

Wikipedia. (s.d.). *Compliance*. (2018), Fonte: WIKIPEDIA. A enciclopédia livre. Disponível em: https://pt.wikipedia.org/wiki/Compliance [Acesso em janeiro de 2018]

Wikipedia. A enciclopedia livre. (2018). *Política Monetária*. Fonte: WIKIPEDIA. A enciclopedia livre. Disponível em: https://pt.wikipedia.org/wiki/Pol%C3%ADtica_monetária [Acesso em Setembro de 2018]

Wile, R. (2014). *Bitcoin Exchange MtGox Disapperars*. Fonte: BUSINESS INSIDER. Disponível em: http://www.businessinsider.com/reports-mtgox-halts-all-trading-2014-2 [Acesso em Março de 2014]

Yagami, K. (2017). *Japan: A Forward Thinking Bitcoin Nation*. Fonte: FORBES. Disponível em: https://www.forbes.com/sites/outofasia/2017/11/02/japan

-a-forward-thinking-bitcoin-nation/#60e01e3133a3 [Acesso em Dezembro de 2017]

Yamaguchi, H. (2018). *Cryptocurrency exchanges set up association for industry rules.* Fonte: THE ASAHI SHIMBUN. Disponível em: http://www.asahi.com/ajw/articles/AJ201804240050.html [Acesso em Abril de 2018]

Zhao, W. (2018). *Nigeria's Central Bank Again Warns on Crypto Investiments.* Access on March 02 2018, Fonte: CoinDesk. Disponível em: https://www.coindesk.com/nigerias-central-bank-again-warns-on-crypto-investments/ [Acesso em Março de 2018]

Zima, E. (2018). *4 Wyoming BIlls Could Boost Blockchain, Tech Growth.* Fonte: GT - GovTech. Disponível em: http://www.govtech.com/computing/4-Wyoming-Bills-Could-Boost-Blockchain-Tech-Growth.html [Acesso em Fevereiro de 2018]

AUTORES

Tatiana Trícia de Paiva Revoredo

Founding Member da "Oxford Blockchain Foundation". Blockchain Strategist pela "Saïd Business School, University of OXFORD". Especialista em "Blockchain: Innovation and Business Application" pelo MIT – Massachusetts Institute of Technology. Especialista em Cibersegurança por HARVARD University. Convidada pelo Parlamento Europeu para o "Intercontinental Blockchain Conference". Representante do "European Law Observatory on New Technologies", no Brasil. Membro do "Crypto Valley Association". Membro do "Government Blockchain Association". Patron Member do "International Blockchain Real Estate Association". Esteve nos maiores eventos mundiais sobre criptomoedas, blockchain e ICOs como o "1st Annual Crypto Finance Conference" em St. Moritz, Consensus em Nova Iorque, Fórum Econômico Mundial em Davos, Fórum Mundial da Internet em Zurich, entre outros. Colunista nos portais Blockmaster, CriptoID e Criptomoedas Fácil. Autora de diversos artigos sobre blockchain, criptomoedas e direito digital. Co-Founder na The Global Strategy. Assessora Jurídica no TJSP. Especialista em Direito Constitucional pelo LFG Business e em Direito Digital pelo INSPER. Graduada em Direito pela Pontifícia Universidade Católica de São Paulo – PUC/SP.

Rodrigo Caldas de Carvalho Borges

Presidente da Comissão de Empreendedorismo e Startups da OAB/SP – Pinheiros, e Sócio Fundados do CB – Carvalho Borges Associados. Founding Member da "Oxford Blockchain Foundation". Blockchain Strategist pela "Saïd Business School, University of OXFORD". Especialista em "Blockchain: Innovation and Business Application" pelo MIT – Massachusetts Institute of Technology. Convidado pelo Parlamento Europeu para o "Intercontinental Blockchain Conference" sobre aplicações blockchain, criptomoedas e regulação de ICOs. Participou dos maiores eventos mundiais sobre Blockchain, como o "Consensus" em Nova Iorque. Palestrante e autor de diversos artigos sobre Blockchain. LLM em Direito Societário pelo INSPER. Especialista em Direito das Startups e Direito Digital pelo INSPER. Graduado em Direito pela Pontifícia Universidade Católica de São Paulo (PUC/SP).

www.ingramcontent.com/pod-product-compliance
Lightning Source LLC
Chambersburg PA
CBHW071531220526
45469CB00003B/731